AF366480

NOTICE

DES

TABLEAUX DU MUSÉE

DE LA

VILLE DE TOURS

—

Prix : Un franc.

—

TOURS

IMPRIMERIE LADEVÈZE

1863

NOTICE

DES

TABLEAUX DU MUSÉE

DE LA

VILLE DE TOURS

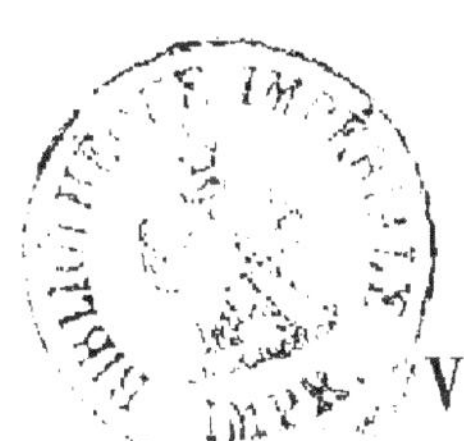

Prix : Un franc.

TOURS

IMPRIMERIE LADEVÈZE

1863.

L'origine du Musée et de la Bibliothèque de la ville de
Tours remonte à l'année 1790, époque de la dispersion des
objets d'art que contenaient les églises, les châteaux et les
monastères de Tours et des environs, dévastés au milieu
des agitations politiques. Deux hommes courageux et éclai-
rés, M. Rougeot (*) et M. Raverot, son gendre, autorisés
par l'administration départementale, recueillirent, souvent
au milieu de dangers véritables, les tableaux, les marbres,
les livres et les monuments de toute espèce qu'ils purent
arracher à la destruction dont ils étaient menacés.

Ces objets précieux provenaient notamment des châteaux
de Richelieu, d'Amboise, de Chanteloup, des abbayes de
Marmoutier, de Beaumont-lès-Tours, de la Visitation, etc.
Ils furent déposés d'abord dans les cloîtres de St-Martin,
mais ce local n'ayant pas paru suffisamment clos, ils furent,
aux termes d'un arrêté du département, en date du 10 novembre 1792, placés dans l'église et dans les salles de l'Union
Chrétienne (**), dont la vente resta, pour ce motif, provisoi-
rement suspendue. Un autre arrêté du 6 février 1793 ordonna
leur translation dans les bâtiments de l'archevéché, où l'on
organisa alors le musée au premier étage, la bibliothèque au
second, l'école de dessin et l'école centrale au rez-de-chaussée.

(*) M. Charles-Antoine Rougeot avait déjà fondé en 1760, l'école gra-
tuite de dessin de la ville de Tours, et l'avait entretenue à ses frais
jusqu'en 1781. Il mourut en 1796. M. J.-J. Raverot, son gendre, fut
appelé à lui succéder, et pendant plus de quarante années, il dirigea
avec un grand zèle l'école que son beau-père avait créée.

(**) Emplacement actuel du temple protestant.

L'archevêché ayant été rendu en l'an X à sa destination primitive, les collections scientifiques et artistiques furent transférées à l'ancien couvent de la Visitation ; puis, lorsque l'on construisit la Préfecture dans cet édifice, le musée fut établi dans l'ancienne intendance ; enfin ces bâtiments ayant été vendus en 1825, le musée fut installé dans le local qu'il occupe aujourd'hui, et qui avait été construit spécialement pour cette destination.

Le Musée de Tours, formé d'abord, ainsi que nous l'avons dit, par le dévouement de deux amis des arts et avec l'appui de l'autorité locale, fut un des seize premiers musées départementaux fondés en 1803 par des décrets émanés du gouvernement. Le musée central du Louvre lui envoya à cette époque un assez grand nombre de tableaux en échange d'autres toiles et de bustes antiques qui furent transportés à Paris ; depuis, le gouvernement l'a successivement enrichi de différents dons, et l'administration municipale affecte annuellement quelques ressources à son entretien et à son amélioration.

En 1858, le conseil municipal traita avec M. Cathelineau, professeur de dessin, pour l'acquisition de cinquante tableaux anciens, formant une collection que cet artiste avait formée, et à laquelle il voulut ajouter gratuitement un certain nombre de toiles dues à son pinceau.

NOTICE

DES

TABLEAUX DU MUSÉE

DE LA VILLE DE TOURS

ÉCOLE FRANÇAISE

ALLEGRAIN (ÉTIENNE , peintre et graveur, né à Paris, en
1653, mort, dans la même ville, le 1er avril 1736.

Le 30 octobre 1677, Étienne Allegrain fut reçu à l'Académie
royale, sur un paysage dont le sujet est la Fuite en Égypte.

Il eut pour élève son fils Gabriel Allegrain, né à Paris, en
1670, mort le 20 février 1748. Ce dernier fut reçu à l'Académie le 26 septembre 1716. Ainsi que l'avait fait son père, il
offrait pour son tableau de réception un paysage représentant la
Fuite en Égypte

1. Paysage historique.

Apollon, pour rendre la Sibylle de Cumes sensible
à sa passion, lui promet de la faire vivre autant d'années qu'elle tient de grains de sable dans sa main.
On l'appelait Déiphobé; elle devint si décrépite,
qu'il ne lui restait plus que la voix.

Haut. 1 m. 44 c. — Larg. 1 m. 85 c.

BACHELIER (J.-J.), né en 1724, mort en 1805. Plein de dévouement pour les arts, il fonda en 1763 une école de dessin en faveur des ouvriers, et consacra une somme importante à cet établissement. Bachelier fut directeur de la manufacture de porcelaine de Sèvres. Il fit des recherches sur la peinture à la cire, et peignit plusieurs tableaux par ce procédé. Sa manière était large et facile, et ses tableaux sont pleins de vérité. Dans celui que possède le musée de Tours, il imita Boucher qui était alors le peintre à la mode.

2. Nature morte. — Animaux.

Haut. 0 m. 68 c. — Larg. 0 m. 92 c.

BARTHELEMY.

3. Les scieurs de pierres.

Haut. 0 m. 24 c. — Larg. 0 m. 16 c.

BELLE (*Augustin-Louis*), né à Paris en 1557, fut inspecteur de la manufacture des Gobelins.

4. Agar dans le désert.

Agar, errant dans le désert avec son fils Ismaël, découvre auprès d'un rocher la source que l'ange lui avait annoncée. Ce tableau a figuré à l'Exposition de 1819.

Haut. 2 m. 60 c. — Large 2 m.

BERTHELEMY (*Jean-Simon*), né à Laon, le 5 mars 1743, mort, à Paris, le 1er mars 1811.

Il fut élève de Noël Hallé, et remporta le grand prix de Rome en 1767.

A son retour d'Italie, il fut agréé à l'Académie royale de peinture, sur un tableau représentant le siége de Calais, et fut reçu académicien en 1781.

5. Manlius Torquatus condamnant son fils à mort pour avoir combattu contre ses ordres (*).

Manlius Torquatus, fils du consul de ce nom, revenant victorieux d'un combat singulier, chargé des dépouilles équestres de Genimius Métius, latin, qui lui avait fait un défi insultant, se présenta devant son père, et lui dit : « Pour faire connaître à toute la terre « que j'ai été formé de votre sang, je vous apporte « ces dépouilles que j'ai enlevées à un ennemi qui « m'avait défié au combat, et que j'ai tué de ma « main. »

Le consul, à ces paroles, jeta sur son fils des regards terribles, et détournant aussitôt les yeux, il fit assembler l'armée. Lorsque les soldats se furent rangés autour du tribunal, « Manlius, dit-il, puisque, « autant que vous l'avez pu, vous avez aboli la disci- « pline militaire, qui a fait subsister l'empire romain « jusqu'à ce jour, et que vous m'avez mis dans la « triste nécessité d'oublier ce que je dois à la patrie, « à moi-même et aux miens, il est plus juste que « nous portions la peine de votre crime, que d'en « faire retomber les suites sur la république inno- « cente.

« Nous allons donner à la postérité un exemple « triste, à la vérité, mais qui sera salutaire à la « jeunesse J'avoue que la tendresse paternelle et « cette preuve même de valeur que vous venez de

(*) Ce tableau a fait partie de l'Exposition de 1701.

« donner me sollicitent fortement pour vous ; mais
« comme il faut, ou que l'autorité du commande-
« ment soit rétablie par votre mort, ou qu'elle soit
« pour jamais ruinée par votre impunité ; si c'est
« mon sang qui coule dans vos veines, je ne crois
« pas que vous-même vous refusiez d'assurer par
« votre supplice la discipline militaire, à laquelle
« votre faute a donné une cruelle atteinte.

« Allez, licteurs, attachez-le au poteau. » Tous les soldats furent saisis d'horreur d'un ordre aussi barbare ; chacun, croyant voir la hache préparée contre lui-même, garda le silence moins par obéissance que par crainte. (Histoire romaine).

Haut. 3 m. 26 c. — Larg. 2 m. 66 c.

BEAUBRUN (*Émeri*, et *Charles*, son cousin), nés à Amboise, élèves de Louis Beaubrun, leur oncle. Le premier, auteur des deux tableaux que possède le Musée de Tours, est mort en 1677. On aurait dit qu'un même esprit animait ces deux artistes, distingués également par leur probité et par des vertus aimables. Leur manière de peindre était si parfaitement semblable, qu'ils travaillaient alternativement l'un et l'autre à faire le portrait d'une personne, qu'ils se servaient de la même palette et des mêmes pinceaux, et qu'il ne paraissait pas que deux mains différentes eussent opéré.

6. Minerve, ayant une main posée sur son bouclier, et de l'autre tenant une lance.

Tableau ovale. — Haut 0 m. 76 c. — Larg. 0 m. 68 c.

7. Vénus dérobant à l'amour une flèche qu'il tient de la main gauche.

Tableau ovale. — Haut. 0 m. 76 c. — Larg. 0 m. 68 c.

BOIZOT (*Antoine*), membre de l'Académie de peinture, fut attaché à la manufacture des Gobelins.

8. Apollon et Leucothoé.

Apollon, épris de Leucothoé, fille d'Orchame et d'Eurynome, s'introduisit dans ses appartements sous la figure de sa mère, et après avoir fait retirer ses femmes, se fit reconnaître à elle en lui déclarant son amour. Leucothoé, surprise et tremblante, laisse tomber sa quenouille et son fuseau. Alors Apollon reprend sa première forme, pour assurer le succès de sa métamorphose.

Le sceptre et la couronne que l'on voit à gauche du tableau indiquent que Leucothoé était fille d'un roi. De l'autre côté, l'Amour tient la lyre d'Apollon, dont il semble tirer quelques sons pour enchanter doublement Leucothoé.

Haut. 1 m. 69 c. — Larg. 2 m.

BOUCHER (*François*), né à Paris, en 1704, mourut dans la même ville en 1770, âgé de 66 ans ; il fut élève du célèbre Lemoine, sous lequel il fit des progrès si rapides, qu'ils lui méritèrent, à l'âge de 19 ans, le premier prix de l'Académie de peinture.

9. Apollon visitant Latone, fille de Cœus et de Phœbé.

Apollon a quitté son char, pour descendre sur la terre ; il vient visiter Latone.

Pendant l'absence du Dieu, un amour tient élevé le flambeau qui doit éclairer le monde.

De jeunes enfants tressant des couronnes, des amours parés de guirlandes de fleurs, un autre portant la lyre de la poésie, ajoutent à l'éclat de la fête.

Deux naïades enlacées et confondant leurs eaux, rappellent la Loire et l'Amasse ; la scène se passe à Chanteloup ; le duc et la duchesse de Choiseul sont les héros de cette entrevue, et c'est sous leurs traits que Boucher a représenté Apollon et Latone.

Haut. 1 m. 26 c. — Larg. 1 m. 55 c.

10. Sylvia fuyant un loup qu'elle vient de blesser.

« En poursuivant un loup, je m'enfonçai au plus
« profond du bois, où j'en perdis les traces. Mais tan-
« dis que je cherche à retourner sur mes pas, je le
« vois et le reconnais à un dard que je lui avais fixé
« près de l'oreille. Je le vois avec une troupe de loups
« entourant la dépouille d'un animal récemment tué,
« mais dont je ne distinguai pas bien la forme. Le loup
« me reconnaît, je crois, et vient à ma rencontre, la
« gueule toute sanglante. Je l'attends intrépide, un
« dard en main. Tu sais si je suis habile à frapper, et
« si jamais je porte un faux coup. Quand je le vois
« assez près pour que je puisse l'atteindre, je lance,
« mais en vain, le trait ; soit hasard, soit maladresse,
« au lieu de l'animal, j'atteins un arbre. Il s'avance
« alors plus furieux sur moi. Le voyant si proche
« j'estime inutile l'usage de mon arc, et n'ayant pas
« d'autres armes, je recours à la fuite. Je fuis, mais

« il ne laisse pas de me poursuivre. Or, vois la fatalité,
« un voile dont j'avais enroulé mes cheveux se déploie
« en partie, et, voltigeant, s'embarrasse à un rameau,
« Je sens je ne sais quoi qui me retient et me fait
« obstacle. La crainte du danger redouble mon élan,
« mais la branche ne cède pas. Enfin je me débarrasse
« de mon voile, que j'abandonne avec quelques
« cheveux arrachés. La peur m'a mis alors aux pieds
« des ailes si rapides, que l'animal n'a pu me joindre,
« et je suis sortie du bois saine et sauve. Puis retour-
« nant à ma demeure, je te rencontre tout ému,
« et m'étonne de ta surprise à me voir. »

(Aminta. — Drame pastoral du Tasse. Traduit par Auguste Desplaces).
Forme ovale. Haut 1 m. 20 c. — Larg. 1 m. 36 c.

11. Après s'être précipité par désespoir du
haut d'une colline escarpée, Aminte trouve la
vie dans les bras de Sylvia.

« ..... Mais Sylvia, dès qu'elle reconnaît Aminte,
« les joues si décolorées que la violette n'a point de
« plus douce pâleur, et qu'elle le voit si languissant,
« qu'il semble rendre l'âme en ses derniers soupirs
« alors, criant comme une bacchante, elle frappe
« son beau sein, et se laisse tomber sur le corps
« gisant d'Aminte, le visage sur le sien, et la bouche
« sur la sienne.

« Ensuite, comme si ses yeux se fussent changés
« en fontaine, elle arrosa de ses pleurs le froid vi-
« sage, et telle était la vertu de ses larmes, qu'il

« revint à la vie. En ouvrant les yeux, il poussa du
« fond de sa poitrine un amer soupir : mais, sorti
« douloureux de son cœur, ce soupir, rencontrant
« celui de son amante, fut recueilli par ses lèvres
« suaves et soudain adouci. Qui pourrait dire l'ivresse
« de leurs embrassements! Sylvia, certaine de la
« vie de son amant ; Aminte, assuré de l'amour de
« de sa nymphe. Que celui-là qui aime en juge par
« lui-même, mais cela ne peut se redire. »

(Aminta, pastorale du Tasse, traduite par Auguste Desplaces).
Forme ovale. Haut. 1 m. 20 c. — Larg. 1 m. 36 c.

BOULOGNE (surnommé bon Boulogne, né à Paris, en 1649,
fut élève de Louis, son père; il mourut à Paris, en 1717, âgé
de 68 ans. C'est un des peintres qui honorent l'école française.

12. Le triomphe d'Amphitrite.

Amphitrite, fille de l'Océan et de Doris, déesse de
la mer, est assise à côté de Neptune; elle tient son
trident de la main droite, et de la gauche montre son
palais, que l'on voit dans le fond à droite. Neptune
est sur un char doré, traîné par deux chevaux marins
conduits par un Amour. Sur la gauche du tableau,
au bas du char, deux nymphes marines accompagnent
leur souveraine.

Haut. 1 m. 40 c. — Larg. 1 m. 52 c.

13. La vache Io.

Io, fille d'Inachus et d'Ismène, fut métamorphosée
en vache par Jupiter, pour la soustraire à la vigilance

de Junon. Io est représentée écrivant avec son pied son nom sur le sable, pour se faire reconnaître par Inachus. Ce père infortuné lève les mains au ciel et implore la bonté de Jupiter en faveur de sa fille, qui verse des larmes en voyant son père et ses sœurs, dont l'une lui donne de l'herbe à manger.

Haut. 1 m. 40 c. — Larg. 1 m. 52 c.

14. L'enlèvement de Proserpine.

Proserpine, fille de Jupiter, et de Cérès, fut enlevée par Pluton, au moment où elle cueillait des fleurs dans les campagnes de la Sicile, près de la fontaine d'Aréthuse, qui est représentée sur le devant du tableau, par une naïade appuyée sur une urne. On aperçoit, sur la droite au fond, Pluton qui descend de son char attelé de deux chevaux noirs; le dieu paraît courir avec empressement du côté de Proserpine, dont on voit la surprise et l'étonnement.

Haut. 1 m. 40 c. — Larg. 1 m. 52 c.

15. Galatée sur les eaux.

Galatée, nymphe de la mer, fille de Nérée et de Doris, est représentée assise à côté d'Acis, sur une grande coquille, qui vogue sur les eaux par le secours d'une voile que tient un amour. Sur le devant, un Triton sonne de la conque, tandis que deux autres poussent le char par derrière : quelques naïades accompagnent les amants. Dans le haut du tableau, à gauche, on aperçoit le géant Polyphème, jouant du syrinx.

Haut. 1 m. 52 c. — Larg. 1 m. 52 c.

BOULOGNE jeune (*Louis*), frère du précédent, né à Paris, en 1654, fut aussi élève de son père : il mourut en 1734, âgé de près de 80 ans.

16. La chasse de Diane.

Diane, déesse de la chasse, fille de Jupiter et de Latone, et sœur d'Apollon, est représentée avec les Oréades, ses compagnes, au moment où ses chiens arrêtent un sanglier.

Haut. 1 m. 03 c. — Larg. 2 m. 92 c.

17. Le repos de Diane.

La déesse, fatiguée de la chasse, est assise nonchalamment, tenant son arc à la main. Quelques-unes de ses nymphes sommeillent, tandis que les autres sont différemment occupées. L'une d'elles se lave les pieds au bord d'une onde claire, près de laquelle on voit une biche, produit de la chasse de la déesse.

Haut. 1 m. 03 c. — Larg. 1 m. 60 c.

18. La Poésie.

Cette figure, pleine de grâce, semble réfléchir sur ce qu'elle doit écrire.

Haut. 1 m. 05 c. — Larg. 0 m. 82 c.

19. L'Architecture.

Elle est appuyée sur un chapiteau d'ordre corinthien, et tient un compas de la main droite.

Haut 1 m. 05 c. — Larg. 0 m. 82 c.

BROWN (*John-Lewis*).

19 *bis*. Jésus et les disciples d'Emmaüs, copie
d'après Rembrandt Van Ryn.

Hauteur 0 m. 91 c. — Larg. 1 m. 12 c,

Donné par S. M. l'Empereur.

BUSSON (*Charles*), né à Montoire (Loir-et-Cher).

20. Un gué dans les environs de Montoire
(Loir-et-Cher).

Haut. 1 m. 05. — Larg. 2 m. 26 c.

CATHELINEAU (*Gaëtan*), né à Montrichard, le 12 octobre
1787, entra en 1811 dans l'atelier de David ; en 1828 il se fixa
à Tours, et devint en 1835 professeur de dessin au Lycée,
fonctions qu'il remplit pendant 23 ans. En 1858 M. Cathelineau
céda au Musée de Tours cinquante tableaux de différents maîtres
qu'il s'était plu à recueillir ; il a voulu en outre faire don à la
ville des tableaux dont la liste suit, et qui sont dus à son pinceau. Il mourut à Tours, le 28 mai 1859.

On lira avec intérêt le certificat d'études que
David remit à M. Cathelineau, lorsqu'il quitta son
atelier :

« Je certifie que M. Cathelineau, mon élève, est
« un jeune homme rempli de dispositions pour la
« peinture et qu'il a acquis un talent distingué a
« en juger par les ouvrages qu'il a fait sous mes

« yeux. Je puis assurer qu'il sera un jour au
« nombre de ceux qui ont illustré mon école. Sa
« moralité égale son amour pour son art.

« Signé : DAVID,

« Premier peintre de l'Empereur, officier de
« la Légion d'honneur, Membre de l'Institut
« de France, des académies de Rome,
« Vienne, Florence, etc., etc. »

21. Portrait de l'Auteur.

Haut. 0 m. 47 c. — Larg. 0 m. 42 c.

22. Tête de vieillard.

Haut. 0 m. 46 c. — Larg. 0 m. 38 c.

22 *bis.* Tête de vieillard endormi.

Haut. 0 m. 37 c. — Larg. 0 m. 32 c.

23. Portrait d'un prêtre italien.

Haut. 0 m. 65 c. — Larg. 0 m. 45 c.

24. Dragon en tirailleur.

Haut. 0 m. 98 c. — Larg. 0 m. 60 c.

25. La Vierge et l'Enfant Jésus.

Haut. 0 m. 73 c. — Larg. 0 m. 59 c.

26. Ecce Homo.

Haut. 1 m. 15 c. — Larg. 0 m. 97 c.

27. Une cuisinière tricotant.

Sur carton. Haut. 0 m. 46 c. — Larg. 0 m. 37 c.

28. Deux têtes d'étude.

Haut. 0 m. 37 c. — Larg. 0 m. 38 c.

29. Un concert.

Panneau. Haut. 0 m. 16 c. — Larg. 0 m. 24 c.

30. Le Pape Jules II, copie d'après Raphaël.

Haut. 0 m. 57 c. — Larg. 0 m. 24 c.

CHOISNARD (*Camille*), à Tours.

30 *bis.* Le martyre de saint Sébastien.

Haut. 1 m. 24 c. — Larg. 1 m. 02.

Offert par l'auteur.

COLLIN.

31. Bacchus confié aux Nymphes dans l'île de
Naxos.

Junon, outrée des infidélités de son époux, conseilla à Sémélé, pendant sa grossesse, d'exiger de
Jupiter qu'il se fît voir à elle dans toute sa gloire. Le
maître des dieux, vaincu par les importunités de
Sémélé, consentit enfin à la satisfaire ; elle paya bien
cher une semblable faveur : cette amante infortunée
fut réduite en cendres. Jupiter, pour sauver Bacchus
dont elle était enceinte, le mit dans sa cuisse, et l'y
garda jusqu'au terme de la grossesse.

Dès que le temps de la naissance fut arrivé,
Mercure, par l'ordre de Jupiter, mit secrètement
Bacchus entre les mains de sa tante Ino, qui en eut
soin avec le secours des Hyades, des Heures et des
Nymphes. Deux d'entre elles le tiennent sur un linge :
Mercure leur annonce la présence de Jupiter, que
l'on voit sur des nuages. Une des nymphes, sur la
gauche du tableau, s'occupe à traire le lait d'une

chèvre pour allaiter le jeune dieu, tandis que ses compagnes, qui sont à droite, semblent se concerter sur le soin qu'elles en prendront.

Haut. 1 m. 33 c. — Larg. 1 m. 72 c.

COMBETTE, élève de Dejoux.

32. Portrait de Famille. — Tableau légué au musée de Tours, par M. Poisson.

Haut. 0 m. 68 c. — Larg. 0 m. 74 c.

CORNEILLE (*Michel*), né à Paris, en 1642, mourut dans la même ville, en 1708, âgé de 66 ans. Il fut élève de son père, quoiqu'il eût étudié en Italie, sous les Carrache, dont il a beaucoup imité le genre de dessin.

33. Le Massacre des Innocents.

Hérode, trompé par les mages qu'un ange avait avertis de ne pas retourner à Jérusalem pour lui déclarer où était le Messie, nouveau-né, envoya des soldats à Bethléem et dans les environs de cette ville, avec ordre de passer au fil de l'épée tous les enfants mâles au-dessous de l'âge de deux ans. Afin de préserver l'enfant Jésus de ce massacre, un ange avertit saint Joseph de l'emmener en Égypte avec sa mère.

Ce tableau décorait autrefois le maître autel de l'église des Saints-Innocents, à Paris.

Haut. 4 m. 10 c. — Larg. 2 m. 27 c.

34. Hercule enlevant Lychas pour le jeter dans la mer.

Ayant un jour besoin, pour un sacrifice, de ses habits de cérémonie . Hercule, envoya Lychas les chercher ; mais Déjanire, jalouse de l'amour que son époux avait conçu pour Iole, chargea le messager de la tunique du centaure Nessus, qu'elle supposait avoir la vertu de fixer sa tendresse. A peine le héros l'eut-il mise, que, rempli de fureur, il jeta dans la mer Eubée le malheureux Lychas.

Neptune le changea en un rocher qui avait quelque ressemblance avec la figure humaine, et dont les matelots n'osaient approcher.

Le tableau représente l'instant où Hercule, couvert de la tunique tachée du sang de Nessus, enlève Lychas pour le jeter à la mer. A ses pieds sont son arc, sa massue et la dépouille du lion de la forêt de Némée.

On voit fuir un satyre effrayé vers des Naïades. appuyées sur leurs urnes.

Dans le fond du tableau on aperçoit le bûcher qui doit consumer l'époux de Déjanire.

Haut. 1 m. 99 c. — Larg. 1 m. 62 c.

CORNEILLE (*Jean-Baptiste*), né à Paris, en 1646, mourut dans la même ville, en 1695, âgé de 49 ans.

35. Une Sainte Famille (*).

La Vierge porte dans ses bras l'enfant Jésus, qui semble vouloir faire des caresses au petit saint Jean,

(*) Ce tableau, envoyé par le musée central, est attribué à Jean-Baptiste Corneille, et cependant il est signé au bas : C. A. D. P. 1696.

que tient sainte Élisabeth. Au-dessous, on voit Zacharie à côté de saint Joseph : à gauche, est l'ange Gabriel.

Haut. 2 m. 26. — Larg. 2 m. 26 c.

CORRÈGE. Ce n'est pas le célèbre Corrège de l'école lombarde, mais un peintre moderne, qui habitait Bordeaux dans la dernière moitié du siècle dernier.

36. Des Anges adorant le Père éternel dans sa gloire.

Haut. 2 m. 24 c. — Larg. 0 m. 99 c.

COYPEL (*Antoine*), fils de Noël, né à Paris, en 1661, fut élève de son père, qui le mena à Rome, d'où il revint à l'âge de 18 ans. Il mourut en 1722, âgé de 61 ans.

37. La colère d'Achille.

Calchas occupe le milieu du tableau. Les volontés d'Apollon, qu'il vient de révéler, ont fait naître une violente altercation entre Agamemnon et Achille. Celui-ci va tirer le glaive pour en frapper le roi d'Argos, qui est à gauche. Pallas, pour calmer les emportements de ces héros, arrête Achille.

Le fils de Pélée est représenté la main sur le pommeau de son épée qu'il repousse dans le fourreau, d'après les sages conseils du vieux Nestor, que l'on remarque à droite avec Ajax, Idoménée et quelques autres chefs de l'armée grecque.

Haut. 1 m. 18 c. — Larg. 2 m. 08 c.

38. Les adieux d'Hector et d'Andromaque.

Après la déroute des Troyens, Hector, impatient de venger les siens en combattant les Grecs, vole

au-devant de son épouse Andromaque pour lui faire
ses adieux : il la rencontre aux portes Scées. Elle tient
son fils qu'elle présente à son époux ; mais l'enfant
se jette dans les bras de sa mère, quand il aperçoit
l'armure d'Hector, dont il est effrayé. Ce héros, pour
rassurer son fils, quitte son casque et son bouclier
et les donne aux deux jeunes gens qui sont près de
lui : derrière eux est le char d'Hector. A gauche du tableau, on voit les femmes d'Andromaque, la nour-
rice du petit Astyanax derrière la mère, et quelques
guerriers de la suite d'Hector.

Haut 1 m. 18 c. — Larg 2 m. 08 c.

COYPEL (*Noël-Nicolas*), frère d'Antoine, né en 1691, mort
en 1734.

39. Jésus guérissant les malades.

Haut. 2 m. 60 c. — Larg. 2 m. 20 c·

DELACROIX (*Eugène*), né à Charenton-St-Maurice (Seine),
élève de Guérin.

40. Les bateleurs arabes.

Donné en 1848 au Musée de Tours, par le Ministre de l'Intérieur.

Haut. 0 m. 96 — Larg. 1 m. 30 c.

DOIX (*François-Joseph-Aloyse*).

41. Paysage. Effet de soleil couchant.

Haut. 1 m. 30 c. — Larg. 2 m.

DUBUISSON.

42. Portrait de Néricault-Destouches.

Haut. 1 m. 76 c. — Larg. 0 m. 61 c.

43. Portrait de femme.

Haut. 0 m. 58 c. — Larg. 0 m. 61 c.

Ces deux tableaux ont été donnés au Musée de Tours par M. J.-J Raverot.

DUMONT LE ROMAIN (*Jean*), né en 1700, mourut en 1781. Il fut élève d'Antoine Le Bel, et il eut pour amis et condisciples Carle Van Loo, François Boucher et Jean-Baptiste-Siméon Chardin.

44. Hercule et Omphale.

Hercule, fils de Jupiter et d'Alcmène, conçut tant de passion pour Omphale, reine de Lydie, qu'il se livra près d'elle aux occupations des femmes. Il est représenté dans ce tableau tenant la quenouille et le fuseau, tandis qu'Omphale est appuyée sur la massue du héros. Un Amour, dans le haut, lance un trait à Hercule, et presse une éponge sur la quenouille qu'il tient ; un autre Amour, lui met le fuseau à la main, tandis qu'un troisième pelotonne le fil dont est chargé un premier fuseau.

Ce tableau est le morceau de réception du peintre à l'Académie royale.

Haut. 1 m. 33 c. — Larg. 1 m. 68 c.

ENDER (*Édouard*).

45. Nature morte. — Meubles anciens, ivoires, guipure, armes, vases, cristaux, curiosités, etc.

Donné en 1851, au Musée de Tours, par le ministère de l'Intérieur.

Haut. 1 m. 75 c. — Larg. 2 m. 35 c.

FONTENAY (*Jean-Baptiste BLAIN de*), né à Caen en 1654, mourut à Paris, en 1715, âgé de 61 ans. Son père lui donna les premières leçons, et le mit ensuite chez le célèbre Baptiste Monnoyer, dont on peut le regarder comme l'élève. Cet artiste lui donna sa fille en mariage.

46. Un vase en bronze doré, contenant des fleurs agréablement groupées.

Haut. 0 m. 91 c. — Larg. 0 m. 72 c.

47. Un autre vase du même métal que le précédent, et faisant son pendant.

Haut. 0 m. 09 c. — Larg. 0 m. 72 c.

FORBIN (*Louis-Nicolas-Philippe-Auguste*, comte de), né en 1779, à la Roque (Bouches-du-Rhône), élève de Boissieu et de David, membre de l'Institut, etc. Il continua sous les drapeaux sa carrière d'artiste qu'il avait commencée fort jeune, et fit plusieurs séjours en Italie, où mûrit son talent. Nommé plus tard directeur général des musées royaux, il eut à réparer les désastres de nos galeries dévastées par les armées étrangères. Les travaux administratifs n'interrompirent pas sa carrière artistique ; il est l'auteur de nombreux tableaux, et écrivit plusieurs ouvrages intéressants.

48. Ruines de la Haute-Egypte, éclairées par le soleil levant, à l'époque de l'inondation du Nil.

Les Arabes vendent à des marchands du Caire des esclaves et des momies.

Haut. 2 m. 90 c. — Larg. 3 m. 95 c.

49. Ruines de Palmyre (Tadmour au désert), éclairées par le soleil couchant.

Les Arabes attaquent l'arrière-garde de la caravane qui revient de la Mecque et se rend à Damas.

Haut. 2 m. 90 c. — Larg. 3 m. 95 c.

(Ces deux tableaux sont placés dans l'escalier de l'Hôtel-de-Ville).

FOREST (*Jean*), né à Paris, en 1636, mort dans la même ville en 1712. Il reçut de son père les premières leçons de son art, et alla ensuite à Rome, où il travailla sous la direction de Pierre-François Mola. Il imita la belle couleur de ce maître et étudia également, d'après le Titien, le Giorgion et le Bassan.

50. Paysage historique, représentant Bacchus confié aux Nymphes.

Haut. 1 m. 72 c. — Larg. 2 m. 32 c.

FOSSE (*Charles* de la), né à Paris, en 1636, mort dans la même ville, en 1716.

Après avoir reçu les premières notions du dessin, de François Chauveau, dessinateur et graveur, de la Fosse entra chez Charles Le Brun, et y resta jusqu'à l'âge de 22 ans. Il partit ensuite pour Rome, où il étudia l'antique et Raphaël. Ses heureux débuts lui valurent une pension du roi, ce qui l'aida à continuer ses études artistiques.

Après un séjour de deux années à Rome, de la Fosse en alla passer trois à Venise. Là, Titien et Paul Véronèse se l'attachèrent particulièrement, et l'étude de ces maîtres développa chez de la Fosse le goût de la couleur qu'il avait reçu de la nature.

Depuis Jacques Blanchard, qu'on avait surnommé le *Titien français*, la France n'avait pas eu de coloriste; de la Fosse le fut. C'est encore à l'Italie qu'il dut ce talent que peu de peintres français possédaient alors, l'art de peindre à fresque.

De la Fosse fut reçu à l'Académie, le 23 juin 1673. Son tableau de réception, qui représentait l'enlèvement de Proserpine par Pluton, fut jugé si favorablement, qu'il fut, presque aussitôt, nommé professeur adjoint. Il fut ensuite successivement appelé à toutes les dignités académiques.

51. La Vierge Marie visitant sa cousine sainte Élisabeth; auprès d'elle se trouvent Zacharie et saint Joseph.

FRAGONARD (*Honoré*), né à Grasse, en 1732, mort à Paris, en 1807.

52 Serment d'amour.

Peint sur panneau. — Haut. 0 m. 40 c. — Larg. 0 m. 32 c.

FRANÇAIS (*Louis-François*), né à Plombières (Vosges).

53. Sous les saules.

Donné au musée de Tours, en 1854, par le Ministère de l'Intérieur.

Forme ovale. Haut. 0 m. 40 c. — Larg. 0 m. 60 c.

FREMINET (*Martin*), né à Paris en 1567, mort dans la même ville en 1619.

54. Le Jugement dernier.

Jésus-Christ paraît dans toute sa gloire, entouré d'anges, dont plusieurs portent les différents instruments de sa Passion; on voit à ses pieds le lion et le bœuf, à côté de lui l'ange et l'aigle, attributs des évangélistes. Jésus vient attribuer à chacun suivant son mérite et ses vertus, suivant ses fautes et ses crimes, la punition ou la récompense qui lui est due. La Vierge, saint Joseph, saint Jean, saint André, saint Pierre et d'autres saints placés à droite l'admirent et l'adorent; à sa gauche sont les évangélistes, les apôtres, les élus qui le contemplent, et les prophètes qui attendent en silence les destinées de tous les humains. Au-dessous des nuages qui portent ces différents groupes, plusieurs anges font entendre les sons éclatants de leurs trompettes et réveillent les morts qui, rappelés à la vie, les mains jointes, semblent implorer la bonté du Tout-Puissant. L'ange exterminateur, que l'on voit au milieu du tableau avec son épée flamboyante, sépare des élus, dont plusieurs déjà sont enlevés au ciel, les méchants qu'il chasse devant lui, vers une mer de soufre et de feu, où les diables tiennent plusieurs damnés enchaînés et les précipitent dans les flammes pour y recevoir les châtiments réservés aux vices et à la débauche.

Dans le coin du tableau, à gauche, un ange semble recevoir l'ordre de Dieu de transporter au séjour des bienheureux une femme qu'il soutient dans ses bras, et derrière, un homme s'attache à lui afin d'être enlevé au ciel ; on prétend que ce dernier personnage est l'auteur du tableau lui-même (*).

Ce tableau vient du Plessis-lès-Tours.
Haut. 3 m. — Larg. 4 m. 35 c.

(*) M. Paul Mantz, dont l'opinion est d'un grand poids dans les questions d'art, a publié dans l'*Artiste*, une série d'articles sur le Musée de Tours ; il rappelle que ce *Jugement dernier* fut autrefois attribué à Michel-Ange. Suivant son opinion, on s'est rapproché de la vérité en lui donnant Fréminet pour auteur, mais il pense que cette œuvre, inspirée par le génie italien, est due à un pinceau flamand. Deux noms se présentent à son esprit, « ceux de Michel Coxcie et de « Franz Floris, qui ont laissé, l'un au musée de Gand, l'autre au « musée de Bruxelles, des représentations du même sujet. Mais « c'est particulièrement au *Jugement dernier* de Floris qu'on est « contraint de penser devant le tableau du Plessis-lès-Tours. Il y « a entre ces deux ouvrages, bien qu'inégaux par le mérite, une « affinité évidente. Nous n'avons pas dessein de dire que le prétendu « Fréminet qui nous occupe, doive, dès aujourd'hui, être rendu à « Franz Floris, mais nous croyons sincèrement que c'est de ce côté « que devraient être dirigées les investigations des chercheurs..... « Le tableau n'est pas de lui, mais il est de l'un des siens. »

GILLOT (*Claude*), né à Langres en 1673, mort à Paris en
1722. Il eut pour maître J.-B. Corneille et pour élève Antoine
Watteau et Lancré. Il réussit dans les sujets grotesques et dans
les décorations qu'il fit pour l'Opéra. Il fut reçu à l'Académie
en 1715.

55. Un concert donné par des musiciens en
costume de l'ancienne Comédie Italienne.

Ce tableau provient, au musée de Tours, de la succession L. Durrans.
Haut. 0 m. 70 c. — Larg. 0 m. 57 c.

GIRARDET (*Édouard*), né à Neuchâtel (Suisse).

56. Le nid de merles.

Envoyé au musée de Tours, en 1853, par le Ministère de l'Intérieur.
Haut. 0 m. 40 c. — Larg. 0 m. 51 c.

GIRAUD (*Charles*), né à Paris.

57. Souvenir d'atelier.

Donné au musée de Tours, en 1854, par S. M. l'Empereur.
Haut. 0 m. 60 c. — Larg. 0 m. 45 c.

GIRAUD (*Pierre-François-Eugène*).

57 *bis*. Femmes d'Alger (Intérieur de cour).

Donné par S. M. l'Empereur.
Haut. 1 m. 90 c. — Larg. 1 m. 40 c.

GODEFROI-DEVAND.

58. Une Flagellation.

Jésus debout, attaché à une colonne, sur une
espèce d'estrade, est flagellé à la vue de nombreux
spectateurs rassemblés autour de lui. Les bourreaux

semblent sous les ordres d'un chef que l'on aperçoit en haut du tableau, à gauche.

Haut. 1 m 82 c. — Larg. 1 m. 24 c.

HINTZ (*Jules*), né à Hambourg, élève d'Eugène Isabey.

59. Vue de l'entrée du port de Dieppe.

Donné au musée de Tours, en 1852, par le Ministère de l'Intérieur.

Haut. 0 m. 50 c. — Larg. 0 m. 80 c.

HOUEL (*J.-P.-L.-L.*), né à Rouen en 1735, mort à Paris en 1813. Après avoir étudié l'architecture à Rouen, Houel, voulant s'occuper de gravure, se mit à Paris sous la direction de Lemire. Enfin, entraîné par son goût pour la peinture, il entra dans l'atelier de Casanova, où ses heureuses dispositions ne tardèrent pas à se développer. Il fut admis à l'Académie de peinture comme paysagiste.

60. Vue de l'entrée du petit bois nommé le Chatelier, près de Montlouis.

On voit les ponts et le château d'Amboise au fond ; la Loire et les sinuosités de son cours occupent le milieu du tableau ; sur la gauche on aperçoit le village de Négron, et sur le devant un pâtre assis, ayant auprès de lui quelques animaux.

Haut. 0 m. 84 c. — Larg. 1 m. 48 c.

61. Vue de Paradis, près Chanteloup.

Le bâtiment et un colombier occupent toute la droite du tableau ; au milieu une pièce d'eau, avec un homme et une femme qui pêchent à la ligne ; à l'entrée du petit pont on aperçoit un personnage parlant à deux dames.

Haut. 0 m. 83 c. — Larg. 1 m. 58 c.

62. Vue de St-Ouen, près Chanteloup.

Sur la droite au-dessus de la maison, un ciel très-orageux ; sur le milieu, une charrette pesamment chargée, traînée par trois chevaux. On aperçoit sur la gauche une partie d'Amboise et l'église de Saint-Denis.

Haut. 0 m. 84 c. — Larg. 1 m. 50 c.

63. Vue de la Seine.

Sur la gauche est un ancien pavillon de l'Arsenal ; dans le fond on voit les arbres qui l'ornaient autrefois : dans le haut, sur la droite, on aperçoit le bâtiment de la Salpêtrière ; plus loin, sur le bord de la Seine, est la Gare, près de laquelle se trouve la plaine d'Ivry, où se donna la fameuse bataille que gagna Henri IV. Au bout de cette plaine se voient les hauteurs d'Ivry.

Haut. 0 m. 90 c. — Larg. 1 m. 47 c.

64. Un paysage ovale.

Une femme donne de l'herbe à une chèvre, près de laquelle on voit un mouton et un petit agneau.

Haut. 0 m. 75 c. — Larg. 0 m. 60 c.

JANET-LANGE (*Ange-Louis*), né à Paris.

65. L'Empereur Napoléon Ier signant son abdication à Fontainebleau.

Haut. 2 m, 60 c. — Larg. 1 m. 95 c.

JEANRON (*Philippe-Auguste*).

65 *bis*. Paysans des environs de Camborn.

Haut. 1 m. 62 c. — Larg. 2 m. 17 c.

Donné par S. M. l'Empereur.

JEUFFRAIN (*Pierre*), né à Tours en 1772, et mort dans la même ville, âgé de 30 ans 9 mois.

66. Dévoûment d'un moissonneur du département de l'Oise. (Ébauche.)

Ce jeune artiste, que les arts ont perdu à la fleur de son âge, comme à l'aurore de ses talents, a commencé à se faire connaître à l'école de dessin de Tours. Il entra ensuite dans celle de David, où il fit les progrès les plus rapides ; il s'exerça d'abord à peindre quelques têtes. Son maître fut tellement content du dernier tableau, demi-figure, qu'il venait de terminer, qu'il lui conseilla de faire, sans plus tarder, une grande composition.

Jaloux de s'écarter de la route ordinaire, il se rendit à l'invitation que le ministre de l'Intérieur avait faite aux artistes de traiter des sujets modernes.

Les journaux retentissaient alors du récit des ravages affreux qu'un loup cervier venait de faire dans le département de l'Oise. Notre artiste s'empara de ce sujet, qu'il n'a eu malheureusement que le temps d'ébaucher, et il choisit l'instant où l'animal féroce vient d'immoler à sa rage la jeune personne qu'il tient encore sous ses griffes. Un moissonneur courageux, armé d'une fourche, court à sa rencontre, le tue, et sauve ainsi la vie à trois enfants et à deux mères, que l'on voit sur la gauche du tableau. L'une d'elles est tombée en courant avec son enfant dans ses bras.

Ce morceau de peinture, quoique à son ébauche, fait voir néanmoins tout le talent que son auteur eût développé si la mort ne l'eût surpris.

Haut. 3 m. 40 c. — Larg. 4 m. 10 c.

JOUVENET (*Jean*), né à Rouen en 1644, mourut à Paris en 1717, âgé de 73 ans. Il fut élève de Laurent, son père, vint à Paris à l'âge de 17 ans, et crut ne devoir prendre d'autre maître que la nature. C'est un des peintres qui honorent le plus l'école française, quoiqu'il n'ait point étudié en Italie.

67. Le Centenier aux pieds de Jésus.

Le Centenier ayant entendu dire que Jésus était arrivé à Capharnaüm, vint le trouver, et le pria de guérir un de ses serviteurs qui était paralytique, Jésus lui dit : « J'irai, et je le guérirai. » Le Centenier lui répondit : « Seigneur, je ne suis pas digne que vous entriez dans ma maison, mais dites seulement une parole, et mon serviteur sera guéri » Jésus dit alors au Centenier : « Allez, et qu'il soit fait selon que vous avez cru. » A l'heure même le malade fut guéri.

Haut. 3 m. 65 c. — Larg. 2 m. 45 c.

JULLIAR (*Nicolas-Jacques*), élève de François Boucher.

68. Un grand paysage, soleil couchant.

On voit sur la gauche une cascade , au-dessous d'un pont ; au milieu, dans le bas, des animaux et une bergère ; sur la droite deux guerriers, avec un jeune homme qui dessine.

Haut. 1 m. 55 c. — Larg. 1 m. 50 c

LAMY (*Charles*), né à Montagne-au-Perche en 1679, mort à
Paris le 2 avril 1743.

69. L'Assomption de la Vierge.

La Mère du Sauveur du monde, sortant du tombeau, est portée au Ciel par des anges, tandis que
les apôtres témoins de sa résurrection, sont dans
l'étonnement et l'admiration.

Haut. 3 m. 20 c. — Larg. 2 m. 24 c.

70. Vision.

Le Père Éternel et le Saint-Esprit, au milieu d'une
gloire de chérubins, apparaissent à des religieuses
en extase.

Haut. 2 m. 12 c. — Larg. 1 m. 30 c.

LE BRUN (*Charles*), né à Paris en 1619, mort dans la même
ville, le 12 février 1690, âgé de 71 ans. Il fut élève de Vouet et
de Poussin.

71. Louis XIII, devancé par la Victoire (*).

Dans le haut du tableau, à droite, on voit la
Victoire tenant une palme ; auprès d'elle est le
génie de la guerre, qui porte le casque du souverain.
Le moment choisi par le peintre est celui de l'entrée
du roi à la Rochelle, à la suite d'un siége dont le
succès avait été préparé par une victoire navale
remportée, le 8 novembre 1628, sur les Anglais et
les Rochelais réunis. Sur la droite, dans le fond,
on voit une partie de la ville ; la tour Saint-Georges
est particulièrement remarquable.

<hr>

(*) Ce tableau était ainsi désigné dans un catalogue des curiosités
de Richelieu imprimé par M. Vignier, à Saumur en M.DC.LXXVI.

Plusieurs vaisseaux, devenus la proie des flammes, sont engloutis dans la mer, au-dessous de la tour de la Lanterne.

Haut. 2 m. 78 c. — Larg. 1 m. 94 c.

LECOINTE (*Charles-Joseph*).

71 *bis*. Le Christ tenté par le démon.

...... Jésus dit : « Retire-toi, Satan, car il est « écrit . Tu adoreras le Seigneur ton Dieu et tu le « serviras lui seul. » (Évangile selon saint Mathieu, chap. IV.

Tableau arrondi par le haut.

Haut. 1 m. 98 c. — Larg. 1 m. 27 c.
Donné par S. M. l'Empereur, 1862.

LE DART.

72 Saint Claude.

Évêque de Besançon, est représenté au moment où il rappelle un jeune homme à la vie en lui donnant sa bénédiction.

Haut. 1 m. 18 c. — Larg. 0 m. 65 c.

L'ENFANT, né à Paris, mourut dans la même ville.

73. Vue de la ville d'Amboise et du château de Chanteloup , avant la construction de la pagode (aquarelle).

Sur la gauche de cette aquarelle , on voit un groupe de personnes qui regardent passer M. et Mme de Choiseul, allant en voiture à Amboise, qu'on aperçoit sur les second et troisième plans.

Haut. 1 m. 15 c. — Larg. 1 m. 15 c.

74. Vue du château de Chanteloup et de la ville d'Amboise , prise des portes de l'avenue (aquarelle).

Dans le milieu de cette aquarelle, on voit M. et Mme de Choiseul assis sur un banc avec quelques seigneurs ; un peu plus loin est leur voiture entrant dans l'avenue ; des gardes la précèdent. On remarque Chanteloup à l'extrémité de l'avenue.

Ces deux tableaux sont déposés à l'Hôtel-de-ville.

Haut. 1 m. 15 c. — Larg. 1 m. 15 c.

LÉPICIER (*Nicolas-Bernard*), de l'ancienne Académie royale.

75. Matathias punissant les impies.

Antiochus, roi de Syrie, voulut contraindre les Juifs à sacrifier aux idoles, et une grande partie de la nation succomba à la violence de la persécution qu'il exerça à ce sujet. Matathias, petit-fils d'Asmonée, demeura, ainsi que ses enfants, inébranlable dans la religion de ses pères. Ce saint homme vit un jour un juif s'avancer vers l'autel pour sacrifier aux faux dieux ; poussé par un saint zèle, il perça de son épée l'apostat et l'officier qui le faisait sacrifier, et renversa l'autel de l'idole.

Haut. 3 m. 24 c. — Larg. 2 m. 61 c.

LE SUEUR (*Eustache*), né à Paris en 1617, mourut dans la même ville en 1655, âgé de 38 ans ; il fut élève de Vouet.

76. Saint Sébastien.

Saint Sébastien servait dans l'armée de Dioclétien. Il était chrétien en secret; mais les services qu'il rendit à ses frères persécutés, et des conversions opérées par son zèle le firent reconnaître. L'empereur ayant voulu vainement lui faire abjurer la foi, le condamna à mort. Saint Sébastien fut conduit dans un champ proche de la ville, et lié à un poteau, où il fut percé de flèches.

L'instant représenté par le tableau est celui où Irène, veuve du saint martyr Catulle, vient avec d'autres saintes femmes de détacher saint Sébastien et d'ôter ses flèches ; des anges sont auprès de lui, d'autres lui apportent la couronne du martyre.

Haut. 1 m. 92 c. — Larg. 1 m. 26 c.

77. Saint Louis pansant les malades.

Tout le monde sait que la piété de ce saint roi le portait à secourir les malheureux et à soigner les infirmes : il est représenté, dans le tableau, à genoux devant un malade dont il panse une plaie à la jambe.

Haut. 1 m. 92 c. — Larg. 1 m. 26 c.

78. La Messe de saint Martin.

Un jour qu'il faisait un froid très-piquant, et que saint Martin était près d'entrer à l'église pour y célébrer la messe, un pauvre à demi-nu et tout transi se présente à lui, le priant avec instance de lui faire donner un habit. Le saint, qui n'avait jamais refusé personne, fit appeler son archidiacre, et lui ordonna de faire habiller à l'heure même ce pauvre homme qui paraissait souffrir beaucoup. Après cela saint Martin se retira dans la sacristie, où personne n'entrait pendant qu'il était en prière ; mais le pauvre ne pouvant plus résister à la rigueur de la saison, s'y glissa adroitement et se plaignit au saint évêque de ce que l'on n'exécutait pas ses volontés. Dès que saint Martin l'aperçut, il se retira dans un coin, se dépouilla de sa tunique, la donna au pauvre qu'il fit éloigner promptement.

Il avait fait cette bonne action dans le plus grand secret, mais Dieu ne voulut pas qu'elle restât cachée, et saint Martin étant ensuite à dire sa messe, il parut sur sa tête, pendant qu'il offrait le sacrifice, un globe de feu qui le fit voir tout brillant de gloire et aussi éclatant que le soleil.

Tel est le sujet du tableau, copie faite par Le Sueur lui-même, ainsi que l'ont constaté les registres de Marmoutier. Ce tableau peut donc être regardé comme un original. Le mauvais état dans lequel on le voit est la suite d'une tentative maladroite de restauration, tentée à Marmoutier, sur la place même que le tableau occupait dans la boiserie.

Panneau. — Haut. 1 m. 20 c. — Larg. 0 m. 76 c.

79. Tête de vierge.

Provenant du cabinet de M. Cathelineau.

Haut. 0 m. 60 c. — arg. 0 m. 50

LOBIN (*Julien-Léopold*), né à Loches en 1814, élève de Steuben, directeur de la manufacture de vitraux peints de Tours.

80. Portrait du général Meusnier.

Le général Meusnier (Jean-Baptiste-Marie-Charles), né à Tours le 19 juin 1754, entra fort jeune dans le corps du génie ; il avait à peine vingt ans quand il sortit de l'école de Mézières. Un an plus tard, il était correspondant de l'Académie des sciences et, aussitôt que son âge le permit, il fut appelé à siéger comme membre titulaire dans ce corps savant. Devenu général de division, Meusnier se jeta dans la ville de Mayence, assiégée par une nombreuse armée prussienne, et c'est en travaillant à défendre cette place importante qu'il reçut, dans la nuit du 8 au 9 juin 1793, une blessure dont il mourut le 13 juin de la même année.

Ce portrait a été peint en 1840 par M. Lobin, pour l'administration municipale de Tours. Il décore en ce moment une des salles de l'Hôtel-de-Ville.

Haut. 2 m. 20 c. — Larg. 1 m. 60 c.

81. Le martyre de saint Barthélemy (copie d'après Ribera).

Hauteur 1 m. 96 c. — Larg. 1 m. 52 c.

MALLET (*Jean-Baptiste*), né à Grasse (Var), en 1759.

82. Une nymphe, un satyre et l'Amour.

Panneau, Haut. 0 m. 33 c. — Larg. 0 m. 40 c.

2

MAROT (*François*), de la même famille que le poëte Clément Marot, naquit à Paris en 1667 et mourut dans la même ville en 1719. Il était élève de Lafosse, et personne n'a plus approché de cet artiste que lui.

83. Les fruits de la Paix (*).

Dans le milieu de ce tableau allégorique on voit Apollon, dieu des arts. La France est debout devant lui, couverte d'un vêtement jaune et couronnée d'un diadême. Le dieu lui montre de la main droite la Paix, qui est vêtue de blanc avec le manteau bleu ; cette déesse est accompagnée de l'Abondance vêtue en rouge et tenant une corne de la chèvre Amalthée remplie de fruits. A côté de l'Abondance est l'Histoire, la plume à la main, elle tourne ses regards du côté du Temple de Mémoire, pour écrire les grandes actions du héros pacificateur. Quelques volumes sont aux pieds de cette déesse, près de laquelle on voit Clio couronnée de lauriers et tenant une trompette à la main. Au-dessus de ces divinités, on remarque la Sagesse qui chasse la Discorde et les Vices.

Sur la gauche du tableau, la Peinture tient sa palette d'une main et de l'autre un pinceau ; elle travaille à un portrait de Louis XIV couronné par la Victoire. Au-dessus on voit un génie qui paraît être celui de la peinture. Au-dessous de cette déesse, on remarque celle de la Sculpture tenant un ciseau. Dans le haut du tableau, sur le sommet d'une mon-

(*) Titre donné par le Musée central de Paris en envoyant ce tableau.

tagne fort élevée, on a représenté le Temple de Mémoire.

C'est sur ce tableau que Marot fut reçu membre de l'Académie, en 1702.

Haut. 1 m. 44. — Larg. 1 m. 88 c.

MASSON (*Benedict*), né à Dijon.

84. Les fleurs symboliques.

Donné au musée de Tours, par le Ministère de l'Intérieur.

Haut. 2 m. 88 c. — Larg. 3 m. 88 c.

MIGNARD (PIERRE), dit le Romain, parce qu'il passa vingt-deux ans à Rome, naquit à Troyes, en Champagne, en 1610, Il mourut à Paris en 1695, âgé de 85 ans. Son véritable nom était More. Henri IV voyant ses frères, au nombre de sept, tous portant les armes à son service, et tous d'une belle figure, dit : Ce ne sont pas là des Maures, mais bien des Mignards, et le nom de Mignard leur resta. Pierre Mignard fut élève de Simon Vouet.

85. La Sainte Famille de Raphaël, (copie par Mignard).

Ce sujet est trop connu pour qu'il soit besoin d'en faire l'explication : il suffit de dire que Mignard l'a copié avec une grande perfection.

Haut. 2 m. — Larg. 4 m. 37 c.

MILLIN DUPERREUX, né à Paris en 1764, élève de Huc et de Valenciennes.

86. Vue du château de Loches.

Après la levée du siége d'Orléans, Jeanne d'Arc, quoique blessée, vint trouver Charles VII à Loches,

et se jetant à ses pieds, elle lui dit : « Gentil Dau-
« phin, voilà le siége d'Orléans levé, qui est la
« première chose dont j'ai eu commandement de la
« part du roi du ciel pour le bien de votre service.
« Reste maintenant à vous mener à Reims en toute
« sûreté pour y être sacré et couronné, dont vous
« prie Jeanne la pucelle. »

Le tableau représente l'instant où Jeanne d'Arc à genoux tient ce discours à Charles VII. Elle est accompagnée du comte de Dunois ; de Jean Daulon, sénéchal de Beaucaire, chargé par le roi de la suivre partout : de Louis de Conte, son page, qu'on voit derrière elle, tenant son casque et son écu, et de frère Jean Paquerel, religieux augustin, son aumônier, qui porte sa bannière.

Auprès du roi se trouve Agnès Sorel, vêtue d'une robe verte, et Mme de Villequier, sa cousine.

Les autres figures derrière Charles VII sont des personnages de sa cour et de sa maison, des gardes et des hommes de guerre.

La femme qui sort de la grande tour, logement d'Agnès Sorel, est une gouvernante tenant par la main un des enfants d'Agnès et du roi.

Haut. 1 m. 15 c. — Larg. 1 m. 65 c.

87. Vue du château de la Guerche sur les bords de la Creuse.

Charles VII avait donné ce château à Agnès Sorel. Souvent le monarque et sa maîtresse partaient de ce

pittoresque séjour, pour aller ensemble à la chasse,
dans la forêt de la Guerche, située sur l'autre rive.

Haut. 0 m. 34 c. — Larg. 0 m. 45 c.

88. Maison d'Agnès Sorel.

Cette maison est encore connue aujourd'hui sous
le nom d'*Hôtel de Beauté.*

Haut. 0 m. 33 c. — Larg. 0 m. 31 c.

Ces deux derniers tableaux ont été donnés au Musée de Tours par
M. Raoul de Croy.

MONNOYER *(Jean-Baptiste)*, plus connu sous le nom de
Baptiste, naquit à Lille en 1635. Il peignait les fleurs avec un
talent au moins égal à celui des peintres hollandais les plus
célèbres. Il mourut à Londres, âgé de 64 ans.

89. Un groupe de fleurs dans un vase d'albâtre
posé sur une table en marbre, au bas de laquelle se trouve un fragment de chapiteau
ionique.

Haut. 1 m. 36 c. — Larg. 1 m. 06 c.

MURATON *Alphonse*, né à Tours en 1824, élève de l'école
municipale de dessin à Tours et de M. Drolling.

90. Le général Meusnier à Kœnigstein.

Le général Meusnier, chargé de défendre contre
l'attaque des Prussiens le fort de Kœnigstein, dépen-
dant de la place de Mayence, le fit avec une intré-
pidité digne du plus heureux succès. A peine le
roi de Prusse fut-il arrivé devant ce fort, qu'il fit som-
mer, par un parlementaire, la garnison de se rendre.

Meusnier assemble ses soldats au nombre de quatre cents, et leur dit : « Camarades, si vous restez inébranlables, comme je n'en doute point, nous défendrons Kœnigstein tant qu'un seul de nous conservera la vie ; mais si, contre mon attente, je vous trouvais faibles, parlez, ce moment serait le dernier de ma vie. » En même temps il leur montre deux pistolets qu'il appuie sur son sein. « Vaincre ou mourir, » s'écrie la garnison d'une voix unanime. Meusnier se tourne alors vers le parlementaire prussien, témoin de cette scène : « Allez rapporter à votre prince, lui dit il, ce que vous venez de voir et d'entendre. »

Haut. 1 m. 32 c. — Larg. 1 m. 65 c.

91. Le Larmoyeur.

(Copie d'après Ary Scheffer).

Haut. 1 m. 55 c. — Larg. 1 m. 66 c.

92. Adieux du consul Boëtius à sa famille.

(Copie d'après Jean-Victor Schnetz).

Haut. 0 m. 72 c. — Larg. 0 m. 60 c.

93. Portrait de Raphaël (copie).

Haut. 0 m. 60 c. — Larg. 0 m. 49 c.

NATTIER *Jean-Marc*, né à Paris, le 17 mars 1685, mort dans la même ville, le 7 novembre 1766.

Dès sa jeunesse, Nattier montra les plus heureuses dispositions pour le dessin, aussi fut-il encouragé et protégé par le célèbre Jouvenet, son parrain.

En 1713, Nattier fut agréé à l'Académie royale de peinture, et le 29 octobre 1718, il obtint le titre d'académicien. Son tableau de réception représente Persée pétrifiant, avec la tête de Méduse, Phinée son oncle et ses compagnons qui étaient venus troubler ses noces, lors de son mariage avec Andromède. Ce tableau fait aujourd'hui partie du Musée de la ville de Tours. Jean-Marc Nattier était le fils de Marc Nattier, peintre de portraits, né en 1642, reçu à l'Académie le 27 juin 1676 et mort le 24 octobre 1705.

94. Persée tenant la tête de Méduse.

Persée, fils de Jupiter et de Danaé, après la défaite des Gorgones, passa par l'Ethiopie et délivra Andromède, fille de Céphée et de Cassiope, du monstre marin qui allait la dévorer. Céphée, pour récompenser le libérateur de sa fille, la lui donna en mariage. Phinée, son oncle, à qui elle avait été promise, étant entré le jour des noces dans la salle du festin, livra un grand combat à Persée, mais celui-ci le défit par le secours de Pallas, sa sœur, et à l'aide de la tête de Méduse, avec laquelle il pétrifia Phinée et ses compagnons.

Le tableau représente ce combat. Le peintre s'est attaché à rendre les différentes attitudes des guerriers pétrifiés par la tête de Méduse, telles qu'elles sont décrites par Ovide, dans le livre V de ses Métamorphoses.

Haut. 1 m. 14 c. — Larg. 1 m. 48 c.

OUDRY (Jean-Baptiste).

95. Des chiens combattant un ours (grisaille).

Provenant de la succession L. Durrans.

Haut. 0 m. 30 c. — Larg. 0 m. 25 c.

PAPIN (*Jean-Adolphe*), né à Bordeaux , élève de Regnault.

96. Portrait de S. M. Napoléon III.

Haut. 1 m. — Large 0 m. 58 c.

PARROCEL (*Joseph*), né à Brignolles, en Provence, en 1648, mort à Paris en 1704, élève du Bourguignon.

97. Ordre de bataille.

Un groupe de cavaliers , au milieu duquel est un général qui donne des ordres à tous les officiers subalternes qui l'entourent. Sur la gauche de ce groupe, un cavalier au galop semble porter l'ordre à un escadron qui est du même côté, dans le fond. Sur le devant et sur le troisième plan, des hommes et des chevaux morts semblent annoncer qu'il y a eu une première action que doit suivre une seconde, pour laquelle on paraît tenir conseil.

Haut 1 m. 10 c. — Larg. 1 m. 82 c.

98. Une fête vénitienne.

Sur le devant du tableau, un arlequin et quelques personnes à cheval. Un peu plus loin sur la droite, des gondoles. Dans le fond, du même côté, une partie de Venise. Sur la gauche une promenade nommé le Broglio.

Haut. 1 m. 58 c, — Larg. 2 m. 04 c.

PERNOT (*François-Alexandre*), né à Vassy (Haute-Marne), en 1793, élève de Victor Bertin et de Hersent.

99. Vue du château royal du Plessis-lès-Tours, d'après un ancien dessin.

Donné au musée de Tours , en 1854, par le Ministère de l'Intérieur.

Haut. 1 m. 02 c. — Larg. 1 m. 35 c.

POIROT (*Pierre-Achille*), né à Alençon (Orne).

100. Intérieur de l'église de Saint-Laurent, à Rome.

Donné au musée de Tours, en 1852, par le Ministère de l'Intérieur.

Haut. 0 m. 50 c. — Larg. 0 m. 60 c.

POUSSIN (*Nicolas*), né aux Andelys, petite ville de Normandie, en 1594, mourut à Rome en 1663, âgé de 69 ans.

101. Le triomphe de Silène.

Attribué au Poussin par le Musée central de Paris, qui l'a envoyé à celui de Tours.

Sur la droite du tableau, on voit Silène monté sur un âne qui s'abat. Un petit Amour le tire par l'oreille, tandis qu'un autre cherche à lui soulever la jambe. Derrière lui on a représenté plusieurs faunes montés sur des ânes, et un peu sur la droite du milieu du tableau, on remarque Bacchus, assis par terre. Il boit dans une conque qu'un homme remplit de vin sortant d'une outre. Sur la droite est une femme qu'un satyre semble vouloir embrasser, en lui pinçant les joues. Au-dessus des bacchantes on voit un satyre qui verse à boire à deux jeunes faunes.

102. Le triomphe de Bacchus (*).

Bacchus était fils de Jupiter et de Sémélé. Quand il fut grand, il fit la conquête des Indes, alla ensuite en Égypte, où il enseigna l'agriculture aux hommes,

(*) Ce tableau vient du château de Richelieu, ainsi que les deux suivants, tous les trois étaient attribués à Poussin par le catalogue; ils paraissent cependant n'être que des copies.

planta le premier la vigne, et fut adoré comme le dieu du vin

Bacchus, tenant un thyrse entouré de lierre, est sur un char doré traîné par des centaures. Quelques faunes jouent de différents instruments; des bacchantes les accompagnent. Un petit amour cherche à embarrasser les roues du char avec une branche de pampre. Sur le devant du tableau, à droite, on voit un vieillard qui représente le Gange.

Haut. 1 m. 64 c. — Larg. 1 m. 18 c.

103. Fête à Silène.

Le dieu a la jambe appuyée sur un tigre. Deux faunes le soutiennent et le couronnent. Sur la gauche du tableau, un peu vers le milieu, est un satyre buvant dans une coupe, qu'une faune remplit à mesure qu'on la vide, tandis qu'un autre joue de la flûte. On en remarque encore quelques autres du même côté, ainsi qu'une femme aux pieds de chèvre, montée sur un bouc.

Haut. 1 m. 62 c. — Larg. 1 m. 18 c.

104. Fête au dieu Pan.

Des bacchantes ornent le dieu de guirlandes. Sur la gauche du tableau, on voit une femme montée sur un bouc. Au milieu, sur la droite, deux satyres plongés dans l'ivresse; au-dessus, une bacchante jouant du tambour de basque.

Haut. 1 m. 62 c. — Larg. 1 m. 42 c.

105. L'ordre.

Sixième sacrement de l'Église catholique ; copie d'après le même maître.

Haut. 1 m. 28 c. — Larg. 1 m. 97 c.

REGNIER (*Auguste*), né à Paris en 1787, élève de M. Bertin.

106. Vue de Tours, en 1630, d'après une ancienne gravure.

Haut. 1 m. 86 c. — Larg. 2 m. 16 c.

RESTOUT (*Jean*), né à Rouen le 26 mars 1692, mort à Paris le 1ᵉʳ janvier 1768.

Il était fils de Jean Restout et de Marie-Madeleine Jouvenet, sœur et élève de Jean Jouvenet.

Restout eut pour maître son oncle maternel. Il fut agréé à l'Académie royale, le 29 mars 1717, sur un tableau dont le sujet était Vénus demandant à Vulcain des armes pour Énée, et reçut le titre d'académicien le 28 janvier 1720. Son tableau de réception représentait Aréthuse se dérobant aux poursuites d'Alphée. Jean Restout obtint successivement toutes les dignités académiques.

Jean Restout eut pour élèves, son fils Jean-Bernard ; Wamps, de Lille ; Moinet ; le chevalier de Chânes ; Jean-Baptiste Deshays, et Cochin.

107. Saint Benoît en extase.

Saint Benoît priant dans sa cellule, la nuit du 30 octobre 536, eut une vision dans laquelle il aperçut l'âme de saint Germain, évêque de Capoue, portée au ciel par les anges au milieu d'un globe de feu. Le tableau représente le commencement de cette vision. Le peintre a saisi le moment où la lumière céleste dissipe tout-à-coup l'obscurité de la nuit.

Haut. 3 m. 38 c. — Larg. 1 m. 90 c.

108. La mort de sainte Scholastique.

L'instant choisi par le peintre est celui où saint Benoît croit voir sa sœur s'évanouir et son âme s'échapper de son corps, sous la forme d'une colombe. Cette sainte est mourante dans les bras d'une religieuse; elle tient un crucifix à qui elle vient d'adresser ses prières dans ses derniers moments.

Dans le fond, est une autre religieuse qui pleure sur le trépas de la sainte. Sur le devant on voit une crosse et un manteau.

Haut. 3 m 38 c. — Larg 1 m. 90 c.

RESTOUT *Jean-Bernard*, né le 22 février 1732, mort à Paris le 18 juillet 1797, élève de Jean Restout, son père.

Il fut agréé à l'Académie royale, le 28 septembre 1765, sur un tableau représentant Anacréon buvant et chantant auprès de sa maîtresse et, le 25 novembre 1769, son tableau de Jupiter et Mercure chez Philémon et Baucis, que possède notre Musée, le fit recevoir académicien.

109. Jupiter et Mercure chez Philémon et Baucis.

Baucis était une vieille femme très-pauvre qui vivait avec son mari dans une cabane. Jupiter, sous la figure humaine, et accompagné de Mercure, ayant voulu visiter la Phrygie, fut rebuté de tous les habitants du bourg auprès duquel demeuraient Philémon et Baucis, qui furent les seuls qui reçurent les dieux. La bonne vieille désirant bien traiter ses hôtes, qu'elle ne connaissait pas, veut tuer une oie, qui se réfugie auprès de Jupiter.

Haut. 1 m. 22 c. — Larg. 1 m. 64 c.

RIGAUD (*Hyacinthe*), fils et petit-fils de peintres, naquit à Perpignan en 1659, et mourut à Paris en 1743, à l'âge de 84 ans.

Il étudia la peinture à Montpellier, sous Pezet et Verdier. Ranc le père, dont les portraits, suivant d'Argenville, approchaient de ceux de Van Dyck, lui donnait aussi des conseils.

Rigaud alla ensuite à Lyon. Il y fut occupé quelque temps, et commença à s'y distinguer. En 1651, l'amour de son art le conduisit à Paris où il espérait trouver des moyens plus faciles et plus nombreux d'étudier d'après Van Dyck, maître qu'il affectionnait. En 1685, il remporta le grand prix de Rome. En 1700, il fut reçu à l'Académie, en qualité de peintre de portraits, et présenta, pour sa réception, celui du sculpteur Martin Vander Bogaert, connu généralement sous le nom de Desjardins. En 1742, il y fut admis comme peintre d'histoire, et vit ainsi se réaliser le désir qu'il nourrissait depuis longtemps.

Hyacinthe Rigaud, parfois peintre d'histoire, fut toujours un excellent peintre de portraits. Il les faisait d'une parfaite ressemblance, et traitait les chairs, les draperies, les accessoires avec une égale perfection. De son temps on l'a surnommé le Van Dyck français.

On pourrait reprocher à Rigaud l'exagération de dignité dans ses poses, mais il tenait sans doute ce défaut de l'époque à laquelle il vivait. Il était supérieur dans ses portraits de femme, où il lui était permis de mettre plus d'abandon et de simplicité.

110. Portrait de Louis XIV.

Ce tableau a été donné à la ville de Tours par M. Bouilly.

Haut. 1 m. 52 c. — Larg. 1 m. 12 c.

ROBERT *Hubert,*, né en 1733, mort en 1808, habita long-temps Rome, et se fit une grande réputation comme peintre de paysages et de ruines. Il fut membre de l'Académie de peinture de Paris, garde du Muséum, dessinateur du jardin du roi, etc.

111. Première vue de Rome (Campo di Vaccino).

Sur la droite du tableau, trois colonnes du temple de Jupiter Stator ; derrière, se voit l'église de Sainte-Marie-Libératrice, et dans le haut, sur la droite, les vestiges du palais des Césars. Dans le fond, au milieu, l'arc de Titus. Un peu sur la gauche, l'église de Sainte-Françoise-de-Rome. Derrière ce monument, une partie du Colysée. Plus à gauche, une partie du temple de la Paix. Au devant de ces objets, le temple d'Antoine et de Faustine. Dans le milieu une fontaine de granit d'un seul morceau.

Haut. 1 m. 04 c. — Larg. 1 m. 76 c.

112. Deuxième vue de Rome.

A gauche, le Colysée dans son développement. Au milieu du tableau, sur la droite, l'arc de triomphe de Septime Sévère, dans le haut, à droite, les jardins Farnèse.

Haut. 1 m. 04 c. — Larg. 1 m. 76 c.

113. Troisième vue de Rome.

A droite, un reste du temple de Jupiter Tonnant. Sur la gauche, deux colonnes de celui de la Paix.

Haut. 1 m. 04 c. — Larg. 1 m. 76 c.

114. Quatrième vue de Rome.

Vue des pyramides de Caïus Sextus, et des vestiges d'un ancien temple.

Haut. 1 m. 04 c. — Larg. 1 m. 76 c

Ces quatre tableaux sont placés à l'hôtel de ville.

115. Une cascade sous un pont.

Provenant du cabinet de M. Cathelineau.

Haut. 0 m. 75 c. — Larg. 0 m 60 c.

SAINT-YVES.

116. Le vœu de Jephté.

Les Israélites ayant pris les armes pour secouer le
joug des Ammonites, Jephté, leur chef, fit vœu
d'immoler la première créature vivante qu'il ren-
contrerait, s'il revenait vainqueur. Il remporta une
victoire complète sur l'ennemi et lui prit vingt villes.
Au retour de son expédition, sa fille Seila, accompagnée des jeunes israélites, de sa tribu, accourut
au-devant de lui en chantant ses louanges.

Jephté alors commença à se repentir de son vœu,
qu'il déclara à sa fille. Avant de l'accomplir, elle lui
demanda seulement deux mois, pour aller avec ses
compagnes pleurer sa virginité. Elle retourna ensuite
s'offrir d'elle-même à son père pour être immolée.
On l'a représentée, dans le tableau, vêtue de blanc,
au bas des marches de l'autel, prête à recevoir le
coup de la mort.

Haut. 1 m. 58 c. — Larg. 1 m. 58 c.

SANTERRE *Jean-Baptiste*, né à Magny, près Pontoise, en 1651, fut élève de Bon Boulogne, et mourut à Paris en 1717, âgé de 70 ans.

117. La Géométrie, copie d'après Santerre.

Cette déesse est représentée réfléchissant sur une figure de géométrie, qu'elle semble tracer de la main droite, avec laquelle elle tient un compas.

Forme ovale. Haut. 0 m. 80 c. — Larg. 0 m. 63 c.

118. Un jeune ramoneur (copie d'après le même).

Haut. 0 m. 80 c. — Larg. 0 m. 83 c.

SARRASIN.

119. Paysage ovale.

Une bergère tenant un panier à son bras, et ayant à côté d'elle deux chèvres et deux moutons. Auprès est une fontaine.

Haut. 0 m. 75 c. — Larg. 1 m. 52 c.

120. Autre paysage ovale.

On y voit une femme et des moutons.

Haut 0 m. 75 c. — Larg 0 m. 60 c.

STELLA *Jacques*, né en 1596, fut le chef d'une famille de peintres et de graveurs. Il habita successivement Florence, Rome et Paris, où la protection du cardinal de Richelieu le fit nommer peintre du roi, et où il mourut.

121. Sainte Thérèse recevant un collier des mains de la Vierge.

Haut. 3 m. 50 c. — Larg. 2 m. 27 c.

VALENTIN le`, naquit à Colommiers, en Brie, en 1600, et mourut à Rome en 1632, âgé de 32 ans. Il fréquenta quelque temps l'école de Simon Vouet, et la quitta pour aller à Rome, ce qui fait qu'on pourrait le compter parmi les artistes de l'école Romaine.

122. Saint Antoine, abbé.

Ce saint, instituteur d'un ordre monastique, naquit l'an 251, en Égypte, dans un village appelé Côme, près de la Thébaïde . il mourut, en l'an 356, âgé de 105 ans. Il est représenté dans un moment de méditation, et relisant un écrit qu'il adresse à l'empereur Constantin, pour le détourner des fausses impressions que les ennemis de l'Église lui avaient données contre saint Athanase, évêque d'Alexandrie.

Haut. 1 m. 07 c. — Larg. 1 m. 40 c.

123. Saint Jean, évangéliste.

Copie par Valentin, ainsi que les trois évangélistes suivants.

Saint Jean est représenté au moment où il reçoit les révélations de l'Apocalypse, dans l'île de Pathmos, où il avait été relégué par Domitien, et condamné aux mines.

Haut. 1 m. 04 c. — Larg. 1 m. 44 c.

124. Saint Luc, évangéliste.

Il est représenté devant le portrait qu'il a fait de la Vierge, et écrivant les Actes des Apôtres.

Haut. 1 m. 07 c. — Larg. 1 m. 44 c.

125. Saint Marc, évangéliste.

Le saint écrit son évangile sous l'inspiration du Saint-Esprit.

Haut. 1 m. 04 c. — Larg. 1 m. 44 c.

126. Saint Mathieu, évangéliste.

Saint Mathieu, receveur des impôts dans une des villes du pays de Galilée, sur les bords du lac de Génésareth, près de Capharnaüm, lit l'évangile qu'il vient d'écrire. Un ange tourne les feuilles de ce livre divin.

Haut. 1 m. 04 c. — Larg. 0 m. 44 c.

VALLIN *(Jacques-Antoine)*.

127. Ariane endormie.

Panneau. — Haut. 0 m. 52 c. — Larg. 0 m. 72 c.

VANDERBURG *(André*, né à Montpellier, mort à Paris, en 1804.

128. Un soleil couchant.

Sur la droite du tableau, un jeune homme qui pince de la mandoline auprès d'une bergère.

Haut. 0 m. 50 c. — Larg. 0 m. 60 c.

VERNANSAL *(Guy-Louis*, né à Fontainebleau en 1646, mort à Paris en 1729. Il fut reçu à l'Académie comme peintre d'histoire. Il eut pour maître Charles Le Brun, et pour élève Nicolas Bertin.

129. Allégorie aux beaux arts (*).

Minerve, debout, sculpte une statue de la Justice.

(*) Titre donné par le Musée central de Paris, en envoyant ce tableau à Tours.

que plusieurs jeunes gens, sur la gauche, sont occupés à dessiner. Du même côté, plusieurs vieillards semblent admirer le travail de la déesse, qui est au milieu d'un temple, ayant derrière elle ses attributs ordinaires, la lance et le bouclier.

Haut. 1 m. 30 c. — Larg. 2 m. 06 c.

VERNET (*Joseph*), père de Carle Vernet, grand'père d'Horace, naquit à Avignon, en 1714, d'un père qui lui-même était peintre. Dès son enfance, il montra des dispositions merveilleuses pour un art qui a illustré quatre générations dans sa famille. Il se distingua surtout comme peintre de marines, et mourut en 1789.

130. Une marine.

Provenant du cabinet de M. Cathelineau.

Haut. 0 m. 40 c. — Larg. 0 m. 93 c.

VIGNON (*Claude*), né à Tours en 1593, mort en 1670. Il suivit d'abord la méthode du Caravage, mais pour répondre aux nombreux travaux qui lui étaient demandés, il adopta une marche plus expéditive qui nuisit trop souvent à l'exécution de ses œuvres. Claude Vignon eut le tort de ne pas consulter assez la nature et l'antique, mais il doit cependant être classé parmi les bons peintres de l'école française.

131. Un sacrifice.

Une reine au visage sévère, entourée de ses suivantes, tient son sceptre élevé au-dessus d'une femme à genoux qui a déposé sa couronne aux pieds de celle qu'elle semble implorer.

Sur la droite du tableau, des femmes appartenant à diverses nations et portant des couronnes, entourent un autel où brûle le feu du sacrifice : leurs attitudes et l'expression de leurs physionomies expriment la joie et l'espérance que leur inspire le spectacle de la flamme et de la fumée qui s'élèvent rapidement au-dessus de leurs têtes.

On ignore le sujet de ce tableau dans lequel le peintre a déployé toute la vigueur et le brillant de son coloris ; on peut supposer qu'il représente une scène d'une des pièces de théâtre en vogue au temps où l'artiste vivait.

> Ce tableau a été acquis par la ville de Tours, en 1855.
> Peint sur panneau. — Haut. 0 m. 56 c. — Larg. 0 m. 78 c.

VOUET (*Simon*), né à Paris en 1852, mort en 1461.

132. Portrait de l'auteur, peint par lui-même.

> Donné au musée de Tours, par M. J.-J. Raverot.
> Haut. 0 m. 64 c. — Larg. 0 m. 53 c.

WATTEAU (*Antoine*), né à Valenciennes en 1684, élève de Claude Gillot, se fit d'abord connaître en peignant des décorations pour l'Opéra, et devint bientôt célèbre par des tableaux gracieux, qui le firent recevoir à l'Académie avec la qualification de *Peintre des fêtes galantes*. Il mourut en 1721, âgé de 37 ans seulement.

133. La promenade.

> Provenant du cabinet de M. Cathelineau.
> Haut. 0 m. 71 c. — Larg. 0 m. 55 c.

WILD (*William*), né à Londres.

134. Une régate à Venise au xvie siècle (Exposition universelle de 1855).

> Donné par S. M. l'Empereur, 1855.
> Haut. 1 m. 30 c. — Larg. 3 m. 95 c.

TAPISSERIES DES GOBELINS.

135. Portrait de M. le duc de Choiseul, enfant, tenant un portefeuille à dessiner.

Haut. 0 m. 60 c. — Larg. 0 m. 50 c.

136. Mme la duchesse de Grammont, tenant un chat auquel elle donne une chiquenaude.

Haut. 0 m. 60 c. — Larg. 0 m. 50 c.

ÉCOLES ALLEMANDE, FLAMANDE ET HOLLANDAISE.

CHAMPAIGNE *(Philippe de)*, né à Bruxelles en 1602, mourut à Paris en 1674, âgé de 72 ans. Il n'eut que des maîtres fort médiocres, et se forma de lui-même.

137. Le Bon Pasteur.

Dans ce tableau, le Sauveur est représenté, comme dans l'Évangile, sous la figure du Bon Pasteur qui rapporte la brebis égarée : il marche sur les ronces et les épines; sa charité le rend insensible aux souffrances qu'elles lui font endurer.

Haut. 1 m. 54 c. — Larg. 0 m. 95 c.

138. Saint Zozime présentant le viatique à sainte Marie-Égyptienne.

Haut. 2 m. — Larg. 2 m. 82 c.

139. Portrait de Pascal.

Donné au musée de Tours, par M. J.-J. Raverot.

Haut. 0 m. 66 — Larg. 0 m. 55 c.

FRANCK *François* dit le jeune, né à Anvers en 1580, y
mourut en 1642. Il fut élève de son père, et sa famille fournit
un grand nombre de peintres plus remarquables, par leur facilité
et leur coloris que par la pureté du dessin.

140. La reine de Saba devant Salomon.

Provenant du cabinet de M. Cathelineau.

Cuivre. — Haut. 0 m. 39 c. — Larg. 0 m. 53 c.

GOYEN *Jean-Van*, né à Leyde, en 1596, mort à La Haye en
1656, élève de Wilhem Gerrits.

141. Petite marine (esquisse).

Provenant au musée de Tours de la succession L. Durrans.

Haut. 0 m. 35 c. — Larg. 0 m. 28 c.

HALTZ (*Franck*), né à Malines en 1584, mort en 1666, il fut
élève de Charles Van Mander.

142. Portrait de René Descartes.

Haut. 0 m. 51 c. — Larg. 0 m. 48 c.

HEEM (*David de*), né en 1600, mort en 1674.

143. Une Sainte Famille dans un médaillon
entouré de fleurs.

Provenant du cabinet de M. Cathelineau.

Haut. 1 m. 11 c. — Larg. 0 m. 87 c.

HOLBEIN (*Jean*), né à Bâle en 1498, fut célèbre surtout par
ses portraits d'un coloris brillant et d'un fini précieux. Il habita
longtemps l'Angleterre, où la protection du chancelier Morus
lui fit obtenir le titre de peintre du roi Henri VIII; il mourut
de la peste, à Londres, en 1554.

144. Portrait d'homme.

Panneau. — Haut. 0 m. 27 c. — Larg. 0 m. 21 c.
Provenant du cabinet de M. Cathelineau.

KALF (*William*), né à Amsterdam vers 1630, mort dans la même ville en 1693, élève de Henri Pot.

145. L'intérieur d'une cuisine.

Haut. 0 m. 98 c. — Larg. 0 m. 31 c.
Provenant de la succession L. Durrans.

LEYDEN (*Lucas van*), né à Leyden en 1494, mort en 1553, dans la même ville.

146. La résurrection de Lazare.

Provenant au musée de Tours de la succession L. Durrans.
Panneau. — Haut. 0 m. 23 c. — Larg. 0 m. 28 c.

LOON (*Théodore-Van*), né à Bruxelles en 1630, y est mort en 1678. Il avait longtemps habité l'Italie, et étudia surtout les œuvres de Raphaël.

147. L'adoration des bergers.

Haut. 2 m. 10 c. — Larg. 1 m. 48 c.

MARTIN (*Jean-Baptiste*), né à Paris en 1659, mourut dans la même ville en 1735, âgé de 76 ans. On peut le considérer comme appartenant à l'école Flamande, puisqu'il fut élève de Vandermeulen, qu'il remplaça après sa mort.

148. Le siége de Dôle.

Sur la droite et la gauche du tableau, on voit un camp : plus loin, dans le milieu, un convoi ; beaucoup au-dessus, deux escadrons de cavalerie ; un peu plus haut, sur la gauche, une partie de l'armée s'avance du côté des retranchements ; plus loin, on distingue la ville entourée de bastions, et dans le fond la rivière du Doubs.

Haut. 0 m. 72 c. — Larg. 1 m. 24 c.

149. Le siége de Besançon.

Sur le premier plan, on voit un groupe de cavaliers escortant un convoi qui file à gauche du camp. Le milieu du tableau est occupé par la ville entourée d'eau et de fortifications ; dans le haut, on aperçoit la citadelle sur une des montagnes au bas desquelles l'armée de Louis XIV était campée pour faire le siége de la ville.

Haut. 0 m. 72 c. — Larg. 1 m. 24 c.

MIEL (*Jean*), né en 1599, dans les environs d'Anvers, mort en 1664, se distingua également dans les tableaux religieux ou historiques, et dans la peinture des scènes burlesques et familières.

150. Scène populaire.

Provenant du cabinet de M. Cathelineau.

Haut. 0 m. 41 c. — Larg. 0 m. 56 c.

NEEFS (*Peter*), naquit et mourut à Anvers, à une date que l'on ne connaît pas exactement. Il eut pour maître Henri Steenwick, et se livra exclusivement à la peinture des intérieurs d'église.

151. Intérieur d'église

Provenant du cabinet de M. Cathelineau.

Haut. 0 m. 24 c. — Larg. 0 m. 34 c.

RUBENS (*Pierre-Paul*), naquit à Cologne, où la guerre civile avait obligé son père à chercher une retraite. Il fut élève d'Adam van Oort, qu'il quitta bientôt pour entrer chez Octave van Veen, connu sous le nom d'Otto-Venius, qui le premier fit connaître en Flandre les principes du bon goût, la grâce et l'intelligence du clair-obscur. Il était à la fois peintre, historien et poète.

152. La Victoire couronnant Mars, sur des attributs militaires.

Pendant que la Victoire couronne Mars, l'Amour, de l'autre côté, casse une branche de palmier pour l'offrir à ce dieu qui foule à ses pieds les victimes de ses armes. A droite du tableau sont groupés des armes et des attributs de guerre, parmi lesquels on remarque des cuirasses d'un très-beau travail.

Haut. 2 m. 05 c. — Larg. 3 m. 45 c.

153. Ex-voto.

On a longtemps considéré les deux figures qui sont représentées dans ce tableau, auprès de la Vierge et de l'Enfant Jésus, comme étant les portraits de Christophe Plantin et de sa femme. Plantin fut au XVIe siècle un célèbre imprimeur d'Anvers, connu dans les lettres par les préfaces qu'il composa pour plusieurs ouvrages sortis de ses presses. Il était né à Montlouis, près de Tours. De nouvelles recherches faites à l'occasion de ce tableau et dues à M. de Chénevières démontrent que ces portraits sont ceux de Moretus et de sa femme, gendre et fille de Christophe Plantin. Cette composition, qui, dans tous les cas, est incontestablement due à Rubens, provient de la cathédrale d'Anvers, où elle figura longtemps au-dessus des tombeaux de la famille Plantin.

Panneau. — Haut 1 m. 24 c. — Larg. 0 m. 84 c.

154. Un paysage.

Provenant du cabinet de M. Cathelineau.

Panneau. — Haut. 0 m. 46 c. — Larg. 0 m. 37 c.

155. Un ange portant une corbeille de fruits.

Provenant du cabinet de M. Cathelineau.

Haut. 0 m. 73 c. — Larg. 0 m. 60 c.

RUYSDAEL (*Jacques*), né à Harlem en 1640, mort à Amsterdam en 1681.

156. Un paysage.

Provenant au Musée de Tours de la succession L. Durrans.

Panneau. — Haut. 0 m. 27 c. — Larg. 0 m. 37 c.

SON. (*Joris van*), né à Anvers en 1661, mourut à Londres, en 1700. Il fut élève de son père, habile peintre de fleurs et de fruits, dont il adopta la manière, mais qu'il eut bientôt surpassé. Ses œuvres pleines de charme et de vérité sont fort recherchées.

157. Nature morte.

Provenant du cabinet de M. Cathelineau.

Panneau. — Haut. 0 m. 50 c. — Larg. 0 m. 80 c.

STENWICK (*Henri*), né en 1589, à Francfort, mort à Londres en 1638.

158. Intérieur d'église.

Provenant du cabinet de M. Cathelineau.

Panneau. — Haut. 1 m. 82 c. — Larg. 1 m. 24 c.

SWAGERS (*François*), né à Utrecht, en 1756.

159. Un soleil levant.

Haut. 0 m. 46 c. — Larg. 0 m. 56 c.

160. Un soleil couchant.

Haut. 0 m. 46 c. — Larg. 0 m. 56 c.

TENIERS (*David* le fils), né en 1610 à Anvers, mort en 1690. Il était fils d'un peintre qu'il devait promptement surpasser. Il excella surtout dans la peinture des fêtes populaires, des scènes de cabaret et des danses villageoises. La finesse de sa touche, le charme de son coloris, l'esprit qui brille dans ses compositions lui firent promptement obtenir un succès qui n'a fait que grandir jusqu'à nos jours.

161. Un paysage.

Provenant du cabinet de M. Cathelineau.

Panneau. — Haut. 1 m. 72 c. — Larg 2 m. 32 c.

VANDERMEULEN (*Antoine-François*), naquit à Bruxelles en 1634, et mourut à Paris en 1690, âgé de 56 ans. Il fut élève de Pierre Snayers, peintre estimé pour le genre des batailles.

162. Entrée de Louis XIV dans la forêt de Vincennes.

Louis XIV, monté sur un cheval blanc, est entouré de plusieurs personnes qui ont toutes le chapeau bas. Sur le premier plan, sont quelques seigneurs de la cour qui vont à la chasse avec le monarque, lequel occupe le second plan ; sur le troisième, à gauche, on remarque la forêt, et sur le quatrième, dans le milieu du tableau, on a représenté le château de Vincennes, ainsi que les jardins.

Ce tableau, précieux par la touche et le coloris, est l'esquisse d'un grand sujet gravé, faisant partie des batailles de Vandermeulen.

Haut. 0 m. 58 c. — Larg. 0 m. 88 c.

163. La prise d'Orsoy.

Turenne, monté sur un cheval pie, donne ordre à un commandant de cavalerie de suivre les escadrons qui marchent du côté de la ville et qui traversent le pont.

Ce tableau est retouché en beaucoup d'endroits ; le ciel, les arbres et quelques parties du devant n'appartiennent point au pinceau de Vandermeulen,

la ville, la marche de cavalerie et le groupe très-
bien conservé de cavaliers, sur la droite, sont seuls
de la main de ce peintre.

Haut. 0 m. 65 c. — Larg. 0 m. 82 c.

164. Sainte Rosalie devant la Vierge et l'Enfant
Jésus (esquisse).

Provenant du cabinet de M. Cathelineau.

Marbre. — Haut. 1 m. 64 c. — Larg. 2 m. 39 c.

165. Le Christ en croix.

Provenant du cabinet de M. Cathelineau.

Haut. 1 m. 64 c. — Larg. 1 m. 05 c.

166. La danse des Anges.

Provenant du cabinet de M. Cathelineau.

Cuivre. — Haut. 0 m. 59 c. — Larg. 0 m. 59 c.

167. Le Christ en croix.

Provenant du cabinet de M. Cathelineau.

Haut. 0 m. 63 c. — Larg. 0 m. 52 c.

168. Descente de croix.

Provenant du cabinet de M. Cathelineau.

Haut. 0 m. 63 c. — Larg. 0 m. 82 c.

VAN DYCK (*Antoine*), né à Anvers en 1599, mort en 1641.

169. Jésus descendu de la croix (copie d'après
Van Dyck).

Le Christ est appuyé sur la Vierge qui lui arrache
une épine de la tête. Joseph d'Arimathie lui soutient
un bras.

Haut. 1 m. 10 c — Larg. 1 m. 44 c.

ÉCOLES D'ITALIE.

BASSAN (*Jacopo da Ponte, dit le*), né en 1510 dans la
ville de Bassano, d'où il tira son nom, mort en 1592, âgé de
82 ans (école Vénitienne). Il fut élève de Francesco da Ponte,
son père, puis de Bonifazio, et devint chef d'une école qui fut
longtemps soutenue par ses quatre fils, Francesco, Leandro.
Gio-Batista et Girolamo

170. Le retour à la bergerie.

A droite on voit le troupeau qui rentre à la bergerie, dont le pâtre semble ouvrir la porte. A la suite
des moutons, on remarque un loup qui, en baissant
les oreilles, cherche à s'introduire dans l'étable. Sur
la gauche est une espèce de basse-cour où une femme
donne à manger à des volailles. Plus loin, dans le
fond, est une autre femme qui file, et une troisième
qui rentre dans sa chaumière avec son enfant.

Haut. 0 m. 80 c. — Larg. 1 m. 05 c.

171. Une basse-cour.

Sur la droite du tableau on voit un homme qui
tient un lièvre en broche, un autre qui dépouille
un mouton, un troisième qui allume du feu. Derrière eux, un chien, un mouton et une vache qui
sort de l'étable avec un pâtre qui la conduit. Un peu
plus loin, sur la gauche, deux espèces d'empiriques
semblent raisonner sur la liqueur qui est dans un
flacon placé sur la table, auprès de laquelle sont

plusieurs personnages. Au bas, se voient des instruments de cuisine, un chat et des coqs.

Haut. 0 m. 80 c. — Larg. 1 m. 05 c.

172. Le coucher de la mariée.

Sur la gauche du tableau sont deux femmes qui déshabillent la mariée devant une cheminée; au bas une autre femme dort, ayant à sa droite un chat qui mange : sur la droite on voit le mari que l'on déchausse, et au-dessus une servante qui bassine un lit.

Haut. 0 m. 85 c. — Larg. 1 m.

BELLIN, Jean *Bellini Giovanni*, dit , né à Venise, en 1426, mort dans la même ville en 1516.

Ce grand peintre qu'on peut regarder comme le principal fondateur de l'école vénitienne, devint, à 62 ans, le maître du Giorgion et du Titien. Les succès rapides de ses deux élèves, qui furent ensuite des peintres célèbres, semblèrent stimuler l'ardeur du Bellin. C'est depuis ce moment jusqu'à 90 ans qu'il produisit les meilleurs ouvrages.

172 *bis.* La vierge, l'Enfant Jésus, saint Jean-Baptiste et saint Jérôme.

Panneau. — Haut. 0 m. 79 c. — Larg. 1 m. 08 c.

Provenant du musée Campana.

BRANDI (*Hyacinthe*), né à Polli en 1623, mort à Rome en 1691, âgé de 68 ans (école Romaine). Il fut d'abord élève de Semonta, peintre bolonais, imitateur du Guide ; il entra ensuite à l'école de Lanfranc.

173. Une Vierge de pitié.

La Vierge accablée de douleur tient sur ses genoux Jésus descendu de la croix, et tombe dans les bras de Madeleine qui pleure sur l'état du Sauveur. Marthe et Marie partagent sa douleur.

Haut. 1 m. 74 c. — Larg. 1 m 25 c.

GAGNACCI (*Guido Caulassi*), né à Castel-Durante en 1601, mort à Vienne, âgé de 80 ans. On le surnomma Cagnacci, à cause de la difformité de son corps. Il fut élève du Guide.

174. Prométhée déchiré par un vautour.

Haut. 2 m. 40 c. — Larg. 1 m. 98 c.

CANALETTI (*Antonio*), né en 1697, mourut en 1768, âgé de 71 ans.

175. Vue de Venise.

Le corps de bâtiment qui se trouve à droite occupe une partie de la place Saint-Marc, où l'on remarque le palais du Doge et celui de la bibliothèque, qui accompagnent l'église. Les deux colonnes en face du bâtiment portent, l'une la statue de saint Théodore, et l'autre le lion de Saint-Marc. La tour que l'on voit à droite, au-dessus du même bâtiment, est celle de Saint-Marc, dont la hauteur est de 516 pieds, y compris la figure qui est au sommet et qui sert de girouette. Le bâtiment à gauche du grand bassin, surmonté de deux dômes, est l'église Saint-Georges. Sur l'extrémité du même côté, derrière un grand mât, se voit un petit dôme qui est l'église Saint-François; derrière ce monument est la promenade du Broglio.

Haut. 0 m. 73 c. — Larg. 1 m. 36 c.

CARAVAGE (*Michel-Ange Amerigi, dit le*), du nom d'un château du Milanais dans lequel il naquit, en 1569, et mourut en 1609, âgé de 39 ans. Il était fils d'un maçon ; son père l'employa à broyer le mortier pour les peintres à fresque ; mais à force de les voir travailler, Caravage devint peintre lui-même.

176. Saint Sébastien, pansé par une des saintes femmes.

Sainte Irène tient une plume avec laquelle elle frotte de baume les plaies du saint martyr, dont la tête renversée est de la plus grande beauté et du plus bel effet ; celle de la sainte est magnifique pour l'expression.

Haut. 0 m. 68 c. — Larg. 0 m. 94 c.

177. Une sainte famille.

L'enfant Jésus, debout, tient embrasssée la Vierge qui est assise. Derrière est saint Joseph et au bas le petit saint Jean.

Haut. 0 m. 90 c. — Larg. 0 m. 90 c.

178. Les pèlerins d'Emmaüs (copie).

Le même jour que Jésus-Christ fut ressuscité, deux pèlerins allant à un bourg qu'on nommait Emmaüs, près de Jérusalem, rencontrèrent Jésus sans le connaître ; et s'entretinrent avec lui pendant toute la route : à leur arrivée, ils le firent entrer dans le lieu où ils devaient passer la nuit. Lorsqu'ils étaient à table, Jésus prit le pain et le bénit, puis l'ayant rompu, il le leur donna : en même temps leurs yeux s'ouvrirent et ils le reconnurent, mais il disparut de devant leurs yeux.

Le moment choisi par le peintre est celui où Jésus fait la fraction du pain qui est sur une table où l'on voit une volaille et des fruits. Cléophas, les deux bras étendus, marque son étonnement, de même que l'autre pèlerin qui est à gauche, et qui, dans sa surprise, les deux mains sur les bras du fauteuil pour se soulever, se penche et s'avance en fixant les yeux sur les mains de Jésus, qui multiplie le pain. Derrière on a représenté debout le garçon de l'hôtellerie, qui est aussi dans l'admiration.

Haut. 2 m. 08 c. — Larg. 1 m. 68 c.

179. Un pèlerin et une pèlerine à genoux aux pieds de la Vierge qui tient l'enfant Jésus (copie).

Haut. 2 m. 38 c. — Larg. 1 m. 69 c.

CARRACHE (*Annibal*), né à Bologne, en 1560 fut élève de son cousin Louis Carrache, et concourut à fonder à Bologne l'école qui produisit tant d'habiles artistes. Il mourut à Rome, en 1609, et fut, ainsi qu'il l'avait demandé, enterré auprès de Raphaël.

180. Une nymphe endormie.

Provenant du cabinet de M. Cathelineau.

Haut. 0 m. 44 c. — Larg. 0 m. 52 c.

181. L'enfant Jésus dormant sur la croix.

Provenant du cabinet de M. Cathelineau.

Haut. 0 m. 43 c. — Larg. 0 m. 58 c.

182. Le baptême de Notre Seigneur.

Provenant du cabinet de M. Cathelineau.

Albâtre. — Haut. 0 m. 32 c. — Larg. 0 m. 40 c.

183. Diane et Endymion (copie).

Haut. 2 m. 65 c. — Larg. 2 m. 15 c.

CARRACHE (*Ludovico Carracci*), né à Bologne, en 1555, mort en 1610; élève de Prospero Fontana, à Bologne, du Tintoret, à Venise, et selon quelques auteurs du Passignano, à Florence (école Bolonaise).

184. Saint François d'Assise , surnommé le Séraphique, en méditation devant la Croix.

Saint François, qui porte sur ses membres les stigmates ineffaçables de sa bienheureuse vision, se prosterne devant le Christ qu'il implore. Son visage est empreint d'une douloureuse tristesse; de sa bouche entr'ouverte semblent s'exhaler des soupirs. Des rochers de formes sévères, des touffes d'arbustes, qui se détachent de leurs flancs rembrunis, un ruisseau retombant en cascade , quelques rares plantes sur un sol aride, enfin un coin de ciel d'un bleu sombre, tout donne à ce tableau un aspect austère qui inspire le recueillement.

Haut. 0 m. 66 c. — Larg. 0 m. 49 c.

185. Saint François en extase.

Le saint, vu à mi-corps, est en partie voilé par un rideau transparent, broché de bandes d'or horizontales.

Haut. 1 m. 08 c. — Larg. 0 m. 83 c.

CASTELLI (*Valerio*), né à Gênes en 1625, mourut dans la même ville en 1659, âgé de 25 ans, Quoique fort jeune, il s'était fait une réputation brillante.

186. Judith tenant la tête d'Holopherne.

Judith, de la tribu de Ruben, veuve d'un prince juif, appelé Manassès, demeurait à Béthulie quand Holopherne vint assiéger cette ville, Judith conçut le dessein de délivrer sa patrie du malheur dont elle était menacée : elle partit hardiment, suivie d'une seule servante, et se rendit au camp d'Holopherne. Ce général, frappé de sa beauté et de ses grâces, l'invita à un repas dans lequel il but jusqu'à perdre la raison : Judith, profitant de son ivresse, s'approcha de son lit, et lui coupa la tête avec son propre coutelas. Elle la mit aussitôt dans un sac, et retourna avec sa suivante à Béthulie

Judith est représentée au moment où elle présente la tête d'Holopherne au grand prêtre et au général des Israélites.

Haut 1 m. 20 c. — Larg. 1 m. 64 c.

CASTIGLIONE (*Giovanni Benedetto*), né à Gênes en 1616, mort à Mantoue en 1670 ; il fréquenta successivement les écoles de Paggi, de Gio-Andrea Ferrar et de Van Dyck (école Génoise).

187. Le retour du pâturage.

Provenant au Musée de Tours de la succession L. Durrans.

Haut. 0 m. 35 c. — Larg. 0 m. 42 c.

CERQUOZZI (*Michaelo Angelo*), surnommé le Michel-Ange des batailles, né à Rome en 1602, mort dans la même ville en 1660.

188. Nature morte. — Des fruits dans un plat d'or.

Provenant au Musée de Tours de la succession L. Durrans.

Haut. 0 m. 53 c. — Larg. 0 m. 63 c.

GIGNANI (*Charles*), né à Bologne en 1628, mort à Forli en 1717.

189. Stratonice, accompagnée d'une suivante, se rend auprès d'Antiochus malade.

Le peintre a supposé le moment où le jeune prince déclare sa passion à la reine qui paraît vouloir fuir. La vieille femme qui accompagne la princesse lui fait signe de garder le silence sur un pareil aveu, afin de ne pas irriter Séleucus.

Haut. 1 m. 18 c. — Larg. 1 m. 68 c.

CRIVELLI (*Vittoria*) de la marche d'Ancône, vivait à la fin du quinzième siècle. On ne sait rien sur sa naissance, ni sur sa mort.

189 *bis*. Saint Jean-Baptiste. Panneau.

Provenant du Musée Campana.

Haut. 1 m. 92 c. — Larg. 0 m. 71 c

GIORGIO (*Eusebio da San*).

189 *ter*. La sainte famille. Panneau, forme ronde.

Provenant du Musée Campana.

Diamètre 0 m. 87 c.

GUERCHIN (*Jean-François Barbieri-Guerchino*, *dit le*), ainsi nommé parce qu'il était borgne, naquit en 1590, près de Bologne, dans le bourg de Cento, dont on lui donna le surnom. Une vierge, que, dès l'âge de dix ans, il peignit à la façade de sa maison, fit connaître ses rares dispositions pour la peinture. Il mourut en 1666, âgé de 76 ans.

190. Céphale et Procris.

Après avoir inutilement enlevé Céphale dont la beauté l'avait charmée, Aurore le laissa libre, et lui donna le pouvoir de changer de forme pour éprouver la fidélité de son épouse. Il se déguisa en négociant, parvint à être admis chez Procris, et, par tous les dons qu'il lui faisait, allait la faire céder à ses sollicitations, lorsque, reprenant sa première figure, il lui reprocha vivement sa faiblesse. Procris, pleine de confusion, se cacha dans les bois, ou, plus amoureux que jamais, Céphale la rejoignit, se réconcilia avec elle et en reçut deux présents qui devaient leur être funestes à tous deux. C'étaient un chien que Minos avait donné à Procris, et un javelot qui ne manquait jamais son but. Possesseur de ces deux présents, Céphale devint plus passionné pour la chasse. Ses absences excitèrent l'inquiétude et la jalousie de Procris. Un jour elle le suivit secrètement et s'embusqua sous le feuillage. Son époux que le hasard amena sous un arbre voisin pour se reposer de ses fatigues, appelait à lui l'haleine rafraîchissante du zéphir. Procris, soupçonnant qu'il parlait à une rivale, fit un mouvement qui agita le feuillage. Céphale crut que c'était une bête fauve, lança son javelot, et tua Procris. Bientôt il reconnut son infor-

lune et, de désespoir, se perça avec le même javelot qui avait donné la mort à son épouse.

Haut. 1 m. 92 c. — Larg. 1 m. 45 c.

191. La mort de Cléopâtre.

Dès que Cléopâtre, reine d'Égypte, eut appris
qu'Antoine s'était percé de son épée et qu'Auguste
souhaitait ardemment de s'emparer de ses trésors et
de sa personne pour les faire servir à son triomphe,
elle résolut de mourir.

Elle choisit la morsure de l'aspic, pensant que
cette mort était la moins douloureuse.

Alors elle éloigna Epaphrodite qu'Auguste avait
mise auprès d'elle, et s'enferma dans son apparte-
ment.

Après s'être préparée, elle demanda à ses femmes
une corbeille de fleurs, qu'un paysan venait d'apporter, et, l'ayant approchée d'elle, se fit piquer
par un aspic qui y était caché. Bientôt elle s'assoupit
et peu de temps après mourut de cette piqûre ; elle
était âgée de trente-neuf ans, et en avait régné
vingt-deux.

192. Esther devant Assuérus.

Esther s'évanouit dans les bras de ses femmes, en
se présentant devant Assuérus qui la touche de son
sceptre, afin de la préserver de la mort à laquelle
étaient condamnés tous ceux qui approchaient du roi
sans son ordre.

Haut. 1 m. 36 c. — Larg. 1 m. 54 c.

193. Agar dans le désert.

Agar, égyptienne de nation et servante de Sarah, femme d'Abraham, fut donnée par celle-ci à son mari pour femme du second ordre, suivant l'usage de ce temps-là; elle mit au monde Ismaël. Sarah étant devenue mère d'Isaac, et voyant que les deux enfants ne s'accordaient pas, obtint d'Abraham l'éloignement d'Ismaël.

Agar partit avec son fils et se retira dans le désert, où, n'ayant plus d'eau ni de provisions, elle se vit au moment de mourir de faim et de soif, elle et son fils. Elle était dans la résolution de s'en aller plus loin et de laisser son fils au pied d'un arbre pour ne pas le voir expirer, lorsqu'un ange parut et lui montra une fontaine. Agar continua sa route avec son fils et trouva des bergers qui l'assistèrent.

Agar, à genoux devant son fils Ismaël mourant, regarde l'ange du Seigneur, et semble lui sourire au moment où il lui indique les moyens de dérober cet enfant à la mort.

Haut. 1 m. 36 c. — Larg. 1 m. 54 c.

194. Descente de croix.

Provenant du cabinet de M. Cathelineau.

Haut. 0 m. 42 c. — Larg. 0 m. 48 c.

GUIDO-RENI ou **LE GUIDE**, naquit à Bologne en 1575, et mourut d'une fièvre maligne, à l'âge de 67 ans.

195. Une Vierge.

Le moment choisi par le peintre semble être celui où l'ange Gabriel lui apparaît.

Tableau ovale. — Haut. 0 m. 80 c. — Larg. 0 m. 63 c.

196. Le mariage de sainte Catherine de Sienne.

L'enfant Jésus, assis sur les genoux de la Vierge, passe l'anneau au doigt de sainte Catherine. Ce tableau, plein de grâce, brille par le charme de la couleur et du dessin surtout dans la figure de l'Enfant Jésus.

Ce tableau vient du musée de Paris.

Tableau ovale. — Haut. 0 m, 68 c. — Larg. 0 m, 84 c.

197. Sainte Madeleine.

Provenant du cabinet de M. Cathelineau.

Haut. 0 m, 74 c. — Larg. 0 m, 62 c,

198 Agar dans le désert.

Provenant du cabinet de M. Cathelineau.

Haut. 0 m 81 c. — Larg. 0 m, 70 c,

199. Tête de Madeleine.

Provenant du cabinet de M. Cathelineau.

Haut. 0 m. 48 c. — Larg. 0 m. 38 c,

200. L'enlèvement d'Europe.

Europe, fille d'Agénor, roi de Phénicie, était si belle, que Jupiter en devint éperdument amoureux. Il se transforma en taureau pour l'enlever, passa la mer, la tenant sur son dos, et l'emporta dans cette partie du monde à laquelle elle donna son nom.

Haut. 1 m, 28 c. — Larg. 1 m, 04 c.

201. Une Charité.

Une femme tient deux enfants sur ses genoux : l'un y dort, l'autre est suspendu à son sein ; un troisième, appuyé sur son bras, semble envier la place du second ; la mère le regarde en souriant.

Haut. 0 m. 71 c. — Larg. 0 m. 55 c.

LÉONARD DE VINCI, né en 1445, mourut à Amboise en 1520, âgé de 75 ans.

202. Une petite tête de femme représentant la Joconde.

Ce tableau est présumé de Léonard de Vinci. Beaucoup de ses œuvres sont restées imparfaites, ce peintre y laissant toujours quelque chose à l'état d'ébauche : le buste de cette femme est dans ce cas. (1).

Panneau. Haut. 0 m. 56 c. — Larg. 0 m. 27 c.

203. La Joconde (copie).

Portrait de Mme Lise, dite la Joconde, parce qu'elle était femme de Francesco del Giocondo,

(1) M. Paul Mantz, dont nous avons déjà cité les appréciations sur le Musée de Tours, s'exprime ainsi à l'occasion de ce tableau, dans un article publié par l'*Artiste*. « .... Ce charmant buste qui, en certaines parties, est resté à l'état d'ébauche, n'est pas le portrait de Monna Lisa, bien qu'il lui ressemble un peu par le sourire ; ensuite cette peinture n'est point de Léonard, qui était mort depuis près d'un siècle quand elle a été faite. Dans cette étude, d'un modelé attendri et qui donne si bien l'ensemble sans indiquer les détails, dans cette face incolore et presque blanche, je vois l'art finissant que les Vouet avaient inauguré, un spécimen du talent de ces maîtres si mal connus, qui travaillaient aux derniers jours de Henri IV. Que l'artiste ignoré qui a peint cette tête charmante ait connu la *Joconde*, qu'il ait eu l'intention vague de se rapprocher du mystérieux modèle, je n'en doute pas. Mais l'œuvre date du moment où le xvie siècle vient de finir ; elle est française ; de plus elle sort d'un pinceau qui a sa valeur propre et sa méthode. Je considère cette *tête de femme* comme un des plus précieux morceaux conservés au Musée de Tours. »

gentilhomme florentin. Cette femme fut célèbre par sa beauté.

Ce tableau est une copie d'après Léonard de Vinci.

Hauteur 0 m. 64 c. — Larg. 0 m. 48 c.

LUCATELLI (*André*), on ignore le lieu et l'époque de la naissance de ce peintre ; mais on sait que c'est à Rome qu'il vécut et qu'il travailla. Il s'attacha principalement à représenter les monuments antiques qui décorent les environs de cette ville.

204. Un paysage éclairé par le soleil levant.

Haut. 0 m. 45 c. — Larg. 0 m. 70 c.

MANFREDI (*Barthélemy*), né à Mantoue en 1580, mourut fort jeune ; il fut élève du Caravage, et prit si bien la manière de son maître, qu'il est difficile de distinguer leurs ouvrages.

205. David tenant dans sa main la tête de Goliath.

Goliath était un géant de la ville de Geth ; il avait dix pieds de haut, la force de son armure et son air terrible ajoutaient encore à l'effroi qu'inspirait sa haute stature.

Dans une guerre contre les Israélites, ce géant sortit du camp des Philistins, et défia pendant quarante jours tous les Israélites à un combat singulier, sans qu'aucun de l'armée de Saül osât se présenter pour se mesurer avec lui.

David, jeune encore, était venu à l'armée apporter des provisions à ses frères ; il entendit avec indignation le défi de Goliath, et demanda au roi la permission de le combattre : le monarque y ayant consenti, David s'avança fièrement contre le géant, et lui lança une pierre avec sa fronde, si à propos et avec tant d'adresse, qu'il le frappa au front et le renversa par terre. David courut aussitôt se jeter sur son adversaire, lui arracha son épée et lui coupa la tête, qu'il porta au roi.

Sur la gauche du tableau, David tient entre ses bras la tête de Goliath; il est appuyé d'une main sur l'épée de ce géant, et de l'autre, par derrière, il tient sa fronde. Sur la droite, et dans le milieu du tableau, sont quatre femmes qui chantent les louanges de David.

Haut. 1 m. 20 c. —Larg. 1 m. 68 c.

MANTEGNE (*Andrea-Mantegna*), né à Padoue en 1430, mort en 1506, élève de Squarcione (école Vénitienne).

206. Jésus au jardin des Oliviers.

Jésus à genoux, les mains jointes, est appuyé sur un rocher; il fixe ses regards sur l'ange qui lui apporte le calice d'amertume. Sur le premier plan, les apôtres sont endormis; on aperçoit à gauche, dans le lointain, Judas Iscariote accompagné des soldats envoyés par les princes des prêtres, les pharisiens, les scribes et les sénateurs. Dans le fond, à gauche, on a représenté la ville de Jérusalem.

Panneau. — Haut. 0 m. 70 c. — Larg 0 m. 92 c.

207. La Résurrection.

Jésus, entouré d'une gloire de chérubins, sort du tombeau, tenant l'étendard de la religion. Les soldats qui gardaient le sépulcre marquent leur étonnement par leurs différentes attitudes et l'expression de leurs visages.

Haut. 0 m. 70 c. — Larg. 0 m. 94 c.

Ces deux tableaux, peints en détrempe, sont également remarquables par leur exécution et par l'époque reculée à laquelle ils appartiennent, environ le milieu du quinzième siècle. Ils faisaient partie du gradin d'un tableau du maître-autel de San-Zeno, à Vérone. Le troisième tableau de ce même gradin, représentant le Christ entre les larrons, se trouve au musée du Louvre, et figure sous le n° 420 au catalogue de l'École italienne où l'on mentionne également les deux tableaux appartenant au musée de Tours.

MANTOVANO.

207 *bis.* Le Christ sur la croix. On aperçoit dans le fond la ville de Jérusalem.

Cuivre. — Haut. 0 m. 39 c. — Larg. 0 m. 30 c.

Provenant du Musée Campana.

PINTURICHIO (*Bernardino di Benedetto dit le*), né à Pérouse en 1454, mort à Sienne, le 11 décembre 1513.

207 *ter.* Un Guerrier armé.

(Dans le style du Pinturichio).

Panneau. — Haut. 0 m. 88 c. — Larg. 0 m. 54 c.

Provenant du Musée Campana.

PROVIDONI.

208. Le martyre de saint Jude Thadée.

Saint Jude Thadée et saint Simon, après avoir rétabli la foi à Babylone, allèrent à Snaémur. Les prêtres, à l'instigation des magiciens Zaroës et Arfaxad, firent conduire saint Jude dans le temple de la Lune, où il fut massacré par le peuple à coups de hache.

Dieu, pour venger la mort de cet apôtre, foudroya, suivant la légende, par un temps calme et serein, les prêtres, les gentils, le temple et les idoles. Les deux magiciens furent réduits en cendre.

Le tableau représente deux bourreaux armés chacun d'une hache, prêts à frapper le saint martyr, tandis qu'un ange lui pose la couronne sur la tête, et lui met la palme du martyre à la main. La foudre éclate en plusieurs endroits, comme on le voit dans le haut du tableau, à droite, et dans le bas, à gauche, où elle tombe sur un des magiciens.

Haut. 0 m. 75 c. — Larg. 0 m. 64 c.

209. Martyre de saint Mathias.

Saint Mathias avait toujours suivi Jésus-Christ en compagnie des apôtres, depuis le commencement de la prédication du Sauveur jusqu'à son Ascension. Ce saint fut pris par les juifs peu après la mort de saint Jacques le Mineur, sous l'empire de Néron, condamné par le grand prêtre Ananus à être lapidé, puis décapité, suivant les formes judiciaires des Romains.

Dans le milieu du tableau, sur une place où le peuple est assemblé, on voit saint Mathias à genoux. Trois bourreaux lui lancent des pierres : deux autres en ramassent; un sixième tient la hache, et semble recevoir du grand prêtre Ananus, qu'on remarque dans une tribune, l'ordre d'abattre la tête du saint.

Au-dessus de lui, quatre anges descendant du milieu d'un globe céleste la couronne et la palme du martyre.

Haut. 0 m. 75 c. — Larg. 0 m. 64 c.

ROSA (*Salvator*), né en 1615, dans les environs de Naples, mort en 1673. Cet artiste qui, dans le cours de sa vie aventureuse fut alternativement soldat, peintre et poëte, se plut à représenter des batailles, des bandits et des paysages d'un aspect sauvage.

210. Une rencontre de cavalerie.

Provenant du cabinet de M. Cathelineau.

Haut. 0 m. 40 c. — Larg. 0 m. 09 c.

211. Un paysage.

Provenant du cabinet de M. Cathelineau.

Haut. 0 m. 74 c. — Larg. 0 m. 99 c.

212. Un paysage.

Provenant du cabinet de M. Cathelineau.

Haut. 0 m. 74 c. — Larg. 0 m. 99 c.

TEMPESTE (*Antoine*), né à Florence en 1545, mourut en 1620, âgé de 75 ans.

213. Le combat de David et d'Absalon (attribué à Tempeste).

Absalon, de retour à la cour de son père, voyant qu'il n'avait rien à craindre de son ressentiment, travailla sourdement à se faire des créatures pour détrôner David. Ce fils dénaturé était déjà en état de se mettre à la tête d'une armée puissante, lorsque la conspiration fut découverte. David se réfugia au-delà du Jourdain ; Absalon l'y poursuivit avec ses

conjurés, dont il avait donné le commandement à
Amassa, et livra bataille à l'armée de son père, com-
mandée par Joab, dans une plaine de la tribu de
Gad, où il fut entièrement défait. Comme il fuyait
avec les siens, ses cheveux s'embarrassèrent tellement
dans les branches d'un arbre, qu'il y demeura suspendu, et qu'il y fut tué par Joab, quoique David eût
recommandé à toute l'armée d'épargner ce rebelle.

Peint sur cuivre. — Haut. 0 m. 49 c. — Larg. 0 m. 66 c.

214. Le passage de la mer Rouge.

Dieu, ayant entendu les plaintes des Israélites,
choisit Moïse pour les délivrer de la servitude. Il lui
dit de se présenter avec Aaron devant le roi des
Égyptiens et de lui ordonner de laisser sortir son
peuple pour aller sacrifier dans le désert.

Les prodiges qu'ils opérèrent en sa présence, pour
prouver leur mission, ne purent vaincre l'obstination
du monarque. Pour l'en punir, l'Égypte fut frappée
de dix plaies. Les neuf premières ne touchèrent
point Pharaon, mais la dixième, qui fut la mort de
tous les premiers-nés, jeta l'épouvante dans son
cœur, et il ordonna aussitôt le départ des Israélites.

Au bout des trois jours qu'il lui avait accordés,
ne voyant point revenir le peuple juif, il oublia
toutes les plaies miraculeuses dont Moïse l'avait
accablé, et le poursuivit avec son armée.

Lorsqu'il approchait, Moïse étendit la main sur la
mer, et les eaux s'élevant à droite et à gauche,

permirent aux Israélites de passer à pied sec. Les Égyptiens crurent pouvoir les suivre dans ce nouveau chemin ; Moïse réunit les eaux qui étaient divisées, et Pharaon et son armée furent engloutis.

Peint sur cuivre. — Haut. 1 m. 64 c. — Larg. 2 m. 39 c.

215. Le mariage de sainte Catherine.

Sainte Catherine de Sienne voit en songe la Vierge et l'enfant Jésus, qui la prend pour épouse, en présence d'une légion d'anges empressés à célébrer cette union par leurs concerts. D'autres anges apportent à la sainte la palme et la couronne divines. La sainte, à son réveil, trouve à son doigt l'anneau, signe de son alliance avec son divin époux.

Dans l'encadrement, sont les quatre évangélistes, l'Annonciation et l'adoration des Mages.

Panneau. — Haut 0 m. 80 c. — Larg. 0 m. 64 c.

216. Jésus entre les deux larrons.

Au pied de la croix où Jésus est attaché entre les deux larrons, des soldats jouent aux dés le manteau du divin Sauveur.

Dans le pourtour de l'encadrement, sont également ment les quatre évangélistes, l'Adoration des bergers et la Résurrection.

Panneau. — Haut. 0 m. 80 c. —Larg. 0 m. 64 c.

TINTORET (*Jacques Robusti, dit le*) parce qu'il était fils d'un teinturier, naquit à Venise en 1512, et mourut dans la même ville en 1594, âgé de 89 ans. Il fut placé dans l'école du Titien ; mais la rapidité de ses progrès inspira de la jalousie à son maître qui le fit chasser. Cet affront fut pour le Tintoret un titre de gloire et une preuve de talent.

217. Judith entrant dans la tente d'Holopherne.

Ce trait d'histoire a été expliqué plus haut, page 74, n° 186, Sur la gauche du tableau, on voit Judith accompagnée d'Abra, qui porte la queue de la robe de sa maîtresse ; derrières ces femmes, sont les gardes qui viennent de les conduire. Dans le milieu, on distingue Holopherne qui semble se lever pour recevoir Judith : quelques gardes sont auprès de lui, et par derrière on aperçoit les tentes de ce général.

Haut. 1 m. 78 c. — Larg. 2 m. 55 c.

TITIEN (*Tiziano Vecelli, dit le*), né en 1477, mourut en 1576, âgé de 99 ans. Il fut successivement élève des deux frères Gentil et Jean Bellin, que l'on peut regarder comme les patriarches de l'école vénitienne.

218. Portrait du Titien.

Dans ce portrait, fait par le peintre lui-même, il est décoré de la chaîne de l'ordre de Saint-Jacques, dont Charles-Quint l'honora en le comblant de biens et en lui donnant le titre de comte Palatin.

Haut. 0 m. 64 c. — Larg. 0 m. 54 c.

219. Jésus est porté au tombeau, très-belle copie d'après le Titien.

Près du Calvaire, où Jésus avait été crucifié, était un jardin où Joseph d'Arimathie avait fait tailler dans le roc un sépulcre dans lequel personne n'avait été mis. C'est dans ce lieu que l'on porte le corps de Jésus, qui occupe le milieu du tableau. Sur la gauche, Joseph d'Arimathie le soutient par les jambes, et derrière lui sont la Vierge et la Madeleine, accablées de douleur. Au milieu, derrière le Christ, on voit Nicodème qui soutient un de ses bras. Sur le devant, à droite, Salomé supporte Jésus avec le linceul.

Haut. 1 m. 72 c. — Larg. 2 m. 16 c.

220. Portrait d'Alphonse d'Avalos, marquis du Guast, lieutenant-général des armées de l'empereur Charles V, en Italie, mort en 1546, à l'âge de 42 ans (copie).

Il paraît faire ses adieux à sa maîtresse : le globe de verre qu'elle tient dans sa main semble un emblème moral que le peintre a voulu joindre aux idées galantes que rappellent les personnages allégoriques de l'Amour, de Flore et de Zéphyre, que l'on voit dans ce tableau.

Haut. 1 m. 11 c. — Larg. 1 m. 20 c.

221. Saint Jérôme.

Provenant au Musée de Tours, de la succession L. Durrans.

Haut. 0 m. 75 c — Larg. 0 m. 62 c.

222. Corbeille de fruits.

Provenant du cabinet de M. Cathelineau.

Haut. 0 m. 73 c. — Larg. 0 m. 62 c.

VÉRONÈSE (*Alexandre Turchi, dit*), et quelquefois aussi appelé l'Orbetto, parce que, né dans la misère, il fut réduit, dans son enfance, à conduire un aveugle, naquit à Vérone en 1600 ; il prit d'abord pour modèle le Corrége, tâcha d'imiter le Guide pour les têtes, et alla ensuite étudier à Rome des maîtres plus sévères. Il mourut dans cette ville en 1670, à l'âge de 70 ans.

223. La mort de sainte Ursule.

La sainte est couchée sur des marches. Une femme à genoux, derrière elle, essuie la plaie du coup qui lui a donné la mort ; une autre femme, aussi à genoux, à côté de la première, presse une éponge pleine du sang de la sainte. Un ange semble poser une couronne sur sa tête, et tient de la même main la palme du martyre. Dans le haut, au-dessous d'une gloire, sont des anges et des chérubins qui paraissent pénétrés d'admiration pour le courage de la sainte.

Peint sur marbre. — Haut. 0 m. 41 c. — Larg. 0 m. 33 c.

VOLTERRE (*Daniel Ricciarelli, dit de*), du nom de la ville où il naquit, en 1503, mourut à Rome en 1566, âgé de 57 ans. Il eut plusieurs maîtres ; mais il suffit de savoir qu'il fut élève de Michel-Ange dont il adopta la manière, que cependant il adoucit.

224. Descente de croix.

Tandis que plusieurs hommes soutiennent le Christ qu'ils descendent de la croix, Joseph d'Ari_ mathie s'avance, pour le recevoir et les aider, avec Nicodème et Salomé. Sur le devant du tableau, la mère du Sauveur tombe évanouie au pied de la croix ; Marthe et sa sœur, éplorées, la contemplent avec douleur. La Madeleine, ne pouvant soutenir ce spectacle déchirant, fond en larmes et se cache une partie de la figure avec son mouchoir qu'elle tient des deux mains.

Ce morceau, dont la vétusté est sensible, a été apporté de Rome, il y a 200 ans environ, et tout porte à croire que c'est l'esquise arrêtée de la main de Daniel de Volterre, qui avait besoin d'avoir son sujet avancé dans ses effets pour faire le tableau en grand, peint à fresque dans l'église de la Trinité-du-Mont, à Rome.

Cette descente de croix, peinte à fresque, passait pour un des trois plus beaux tableaux d'autel qui fussent à Rome, lorque cette ville possédait la transfiguration de Raphaël et la communion de saint Jérôme, du Dominiquin.

C'est surtout par les beautés de la composition, du dessin et de l'expression. que ce tableau mérite une grande célébrité , particulièrement comme ouvrage à fresque ; et quand l'esquisse dont il s'agit ici ne serait qu'une copie, elle aurait toujours le mérite précieux de rappeler fidèlement le souvenir d'une des plus belles compositions qui existent en peinture.

Haut. 2 m. 20 c. — Larg. 1 m. 32 c.

ZAMPIERI (*Domenico*), dit le Dominiquin, né en 1581, mort en 1641.

225. Ecce homo.

Provenant du cabinet de M. Cathélineau.

Panneau. — Haut. 0 m. 71 c. — Larg. 0 m. 54 c.

ÉCOLE ESPAGNOLE.

VALDÈS LEAL (*Jean de*), né à Cordoue en 1630, ne se livra à la peinture que dans un âge assez avancé. Il eut pour maître Antoine de Castillo, dont Murillo suivait aussi les leçons. Valdès Leal, qui était sculpteur et architecte en même temps que peintre, habita longtemps Séville où il mourut en 1691.

226. Une sainte famille.

Provenant du cabinet de M. Cathelineau.

Haut. 0 m. 65 c. — Larg. 0 m. 54 c.

VELASQUEZ (*Don Diego*), né à Séville en 1599, fut successivement élève d'Herrera le vieux et de Pacheco. En 1622 il se rendit à Madrid, et il obtint aussitôt le titre de peintre du roi Philippe IV. Depuis cette époque sa gloire et sa fortune allèrent toujours croissant. Après avoir visité deux fois l'Italie, il mourut à Madrid en 1660.

227. Portrait de Velasquez, à cheval.

Provenant du cabinet de M. Cathelineau.

Haut. 0 m. 94 c. — Larg. 0 m. 87 c.

228. Nature morte.

Provenant du cabinet de M. Cathelineau.

Haut. 0 m. 70 c. — Larg. 0 m. 64 c.

229. Tête de femme (étude).

Provenant du cabinet de M. Cathelineau.

Haut. 0 m. 45 c. — Larg. 0 m. 37 c.

ARTISTES INCONNUS.

—

230. Portrait de Mme de Bourbon, montrant à lire à sa fille.

Haut. 1 m. 30 c. — Larg. 0 m. 95 c.

231. Portrait du pape Clément XIV (Ganganelli), une lettre à la main.

Haut. 0 m. 99 c. — Larg. 0 m. 80 c.

232. Jésus à qui on perce le côté.

La Vierge, au pied de la croix, tombe mourante dans les bras de Joseph d'Arimathie, tandis que, sur la droite, des soldats jouent aux dés la dépouille de Jésus.

Haut. 2 m. 06 c. — Larg. 1 m, 75 c.

233. Jésus au Jardin des Oliviers.

L'ange lui présente le calice d'amertume.

Haut. 1 m. 80 c. — Larg. 0 m. 95 c.

234. Jésus descendu de la croix.

La Madeleine arrose de ses larmes une des mains du Sauveur, auprès de qui sont la Vierge et saint Jean.

Haut. 1 m. 80 c. — Larg. 0 m, 95 c.

235. Le Lavement des pieds.

Le soir du jour où Jésus-Christ se rendit à Jérusalem, il fit la cène avec ses disciples, selon le rit prescrit par la loi. Après le repas il se leva de table, quitta ses vêtements, et se mit à laver les pieds de ses disciples. Le tableau le représente lavant ceux de Simon Pierre, pendant que les autres disciples sont dans l'étonnement et dans l'admiration.

Haut. 2 m. — Larg. 1 m. 42 c.

236. Jésus attaché en croix.

Jésus, à moitié couché sur la croix, est tenu sous les bras par un soldat qui semble vouloir lui faire étendre le corps; un autre tient un marteau pour lui enfoncer les clous dans les pieds. Derrière celui-ci est un chef à cheval, qui donne des ordres pour le supplice de Jésus.

Haut. 2 m. 06 c. — Larg 1 m. 75 c.

237. Le serpent d'airain, copie d'après la gravure.

Des serpents dont la morsure était mortelle désolaient le camp des Israélites. Moïse, pour faire cesser ce fléau, éleva par l'ordre de Dieu, sur une montagne au milieu du camp, un serpent d'airain : tous les malades qui le regardaient obtenaient leur guérison.

Haut. 1 m. 60 c. — Larg. 2 m. 22 c.

238. Une dame se faisant dire la bonne aventure par une Bohémienne.

Haut. 1 m. 37 c. — Larg. 1 m. 05 c.

239. Un couronnement d'épines. Ce tableau n'est qu'à l'état d'ébauche en quelques endroits.

Haut. 1 m. 10 c. — Larg. 0 m. 86 c.

240. Portrait de M. de Rastignac, archevêque de Tours, de 1723 à 1750.

Haut. 0 m. 81 c. — Larg. 0 m. 65 c.

241. Portrait de Grécourt, la plume à la main.

Haut. 0 m. 80 c. — Larg. 0 m. 63 c.

242. Portrait de Mlle de Beaujolais, jouant de la guitare.

Haut. 1 m. 30 c. — Larg. 0 m. 95 c.

243. Portrait de Claude Lorrain, attribué à Claude Lorrain lui-même.

244. Portrait de Mme de Vermandois, en habit de novice.

Haut. 1 m. — Larg. 0 m. 80 c.

245. Portrait de M. Benoist de la Grandière, ancien maire de Tours, de 1780 à 1790.

Ce tableau est déposé dans la salle des délibérations du conseil municipal, à l'hôtel-de-ville.

Haut. 1 m. 75 c. — Larg. 1 m. 20 c

246. Portrait de Charles V.

Haut. 0 m. 47 c. — Larg. 0 m. 35 c.

247. Portrait de Louis XI.

Haut. 0 m. 39 c. — Larg. 0 m. 50 c.

248. Portrait de François Ier.

Haut. 0 m. 38 c. — Larg. 0 m. 29 c.

249. Portrait de Henri II.

Haut. 0 m. 34 c. — Larg. 0 m. 45 c.

250. Portrait de François II.

Haut. 0 m. 39 c. — Larg. 0 m. 30 c.

251. Portrait de Charles IX.

Haut. 1 m. 44 c. — Larg. 1 m. 88 c.

252. Portrait de Henri III.

Haut. 0 m. 40 c. — Larg. 0 m. 30 c.

253. Portrait de Henri IV (copie d'après Porbus fils).

Haut. 0 m. 39 c. — Larg. 0 m. 30 c.

254. Portrait de Louis XIII.

Haut. 0 m. 40 c. — Larg. 0 m. 30 c.

255. Portrait de Charles-Quint.

Haut. 0 m. 33 c. — Larg. 0 m. 25 c.

256. Portrait de Maximilien, archiduc d'Autriche.

Haut. 0 m. 33 c. — Larg. 0 m. 25 c.

257. Portrait de Philippe-le-Bel, roi d'Espagne.

Ces douze derniers portraits sont peints sur panneau ; ils proviennent de l'abbaye du Liget, près de Loches.

258. Vue d'Anvers (école de Rubens).

Dans le haut du tableau, la Renommée est représentée au milieu de quelques génies. Sur le devant,
on voit un vieillard, emblème de l'Escaut. Près de
lui sont des Tritons et des Naïades. Deux chaloupes
occupent la droite et la gauche du fleuve ; beaucoup
d'autres sont dans le fond, du côté de la ville, au
milieu de laquelle on distingue la fameuse cathédrale
consacrée à Notre-Dame.

Haut. 0 m. 44 c. — Larg. 0 m. 73 c.

259. Vue de Messine.

Au milieu du tableau, en devant du grand bassin,
on voit le fameux phare bâti pour indiquer le gouffre
de Scylla.

Haut. 0 m. 73 c. — Larg. 1 m. 66 c.

260. Un paysage, soleil couchant.

Sur la gauche du tableau, des ruines d'architecture. Sur le devant, deux personnes qui dansent au
son d'un hautbois, dont joue un jeune homme.

Haut. 0 m. 78 c. — Larg. 1 m. 10 c.

261. Une Sainte Famille, composée de la Vierge,
sainte Elisabeth, l'enfant Jésus et saint Jean.

Haut. 1 m. 03 c. — Larg. 0 m. 88 c.

262. La Sainte Famille, dite la Belle-Jardi-
nière (copie d'après Raphaël).

Haut. 1 m. 74 c. — Larg. 1 m. 25 c.

263. Une Sainte Famille (copie réduite d'après Raphaël).

Haut. 0 m. 70 c. — Larg. 0 m. 55 c.

Ce tableau provient au Musée de Tours de la succession L. Durrans.

264. Le martyre de saint Barthélemy.

Saint Barthélemy, après avoir établi la religion chrétienne dans la partie de l'Inde qui est en-deçà du Gange, porta l'Evangile dans l'Arménie. Le roi et les prêtres, furieux de voir les démons ne plus rendre d'oracles depuis l'arrivée du saint, le firent fouetter et écorcher tout vif. On lui coupa la tête le lendemain.

Haut. 1 m. 02 c. — Larg. 0 m. 82 c.

265. L'ange Gabriel.

Toile ovale. — Haut. 0 m. 55 c. — Larg. 0 m. 45 c.

266. Prométhée délivré par Hercule.

Prométhée, fils de Japhet et de Clymène, forma les premiers hommes de terre et d'eau. Il monta au ciel avec le secours de Pallas, et y déroba du feu pour les animer. Jupiter, irrité du vol de ce mortel, commanda à Vulcain de l'attacher sur le mont Caucase, où un vautour venait lui manger le foie à mesure qu'il renaissait. Ce supplice dura jusqu'à ce qu'Hercule vînt le délivrer. Tel est le sujet du tableau, dans lequel on a représenté le fils d'Alcmène rompant les chaînes de Prométhée après avoir tué le vautour dont on aperçoit la tête dans le bas, à droite.

Haut. 1 m. 22 c. — Larg. 1 m. 05 c.

267. Saint Marc dans la prison.

Saint Marc l'évangéliste prêcha la foi dans Alexandrie, ce qui souleva contre lui les idolâtres. Ils le traitèrent de magicien, à cause des miracles qu'ils lui avaient vu faire, et lui firent souffrir le martyre.

Ce saint apôtre est représenté enchaîné dans sa prison, où un ange vient le consoler et le fortifier contre les horreurs du supplice qui l'attend. Il semble être occupé à écrire l'Évangile que lui dicte le Saint-Esprit, quand l'ange lui apparaît et lui fait voir de la main gauche le chemin du ciel, où il est prêt à monter.

Haut. 1 m. 30 c. — Larg. 0 m. 98 c.

268. La Passion.

Ce tableau peut être considéré comme une histoire de la Passion, puisque l'auteur a renfermé, dans le même espace plusieurs phases des souffrances de Jésus-Christ.

Haut. 0 m. 51 c. — Larg. 0 m. 44 c

269. La Flagellation.

Haut. 0 m. 63 c. — Larg. 0 m. 47 c.

270. Le Reniement de saint Pierre.

Saint Pierre, que l'on voit en face, met la main sur sa poitrine, pour affirmer qu'il ne connaît pas Jésus. La servante, qui est à droite, tient un flambeau d'une main, et de l'autre montre saint Pierre, en disant : c'est lui. Deux soldats sont sur la gauche du tableau ; l'un tient une lance et veut se saisir de saint Pierre ; l'autre porte la main à la garde de son épée.

Haut. 1 m. 20 c. — Larg. 1 m. 60 c.

271. La Flagellation.

Dans ce tableau, Jésus, attaché à une colonne, est tenu aux cheveux par un homme qui lui renverse la tête, et qui tient de l'autre main une poignée de verges ; un autre sur la droite, est muni des mêmes armes dans les deux mains. Un troisième, à genoux, attache avec une corde les pieds de Jésus, pour l'empêcher de se dérober au supplice.

Haut. 2 m. — Larg. 1 m. 40 c.

272. Jésus en croix.

Jésus, entre la Vierge et saint Jean. La Madeleine est au pied de la croix qu'elle arrose de ses larmes.

Panneau. — Haut. 0 m. 98 c. — Larg. 0 m. 71 c.

273. La flagellation.

Jésus tombe au pied de la colonne où il était attaché avec une chaîne, que tiennent deux soldats qui le flagellent en présence des princes des prêtres ; à gauche un soldat tient un flambeau ; aux pieds de cet homme est un autre soldat armé d'un fouet.

Haut. 1 m. 94 c. — Larg. 3 m. 18 c.

274. Le Couronnement d'épines.

Jésus, dans la première salle du prétoire, les mains liées , reçoit avec patience la couronne d'épines que les gens du prince des prêtres lui mettent sur la tête, en la poussant avec un bâton et une espèce de fourche. Un des deux soldats qui tiennent le bâton met le pied sur la cuisse de Jésus

3*

pour se donner plus de force ; un autre, sur la droite, présente le roseau ; un troisième, à genoux, lui donne des signes de colère et de mépris. A droite, deux soldats tiennent deux espèces de pots à feu au haut de longs bâtons : sur la gauche, on voit le prince des prêtres, et ces derniers eux-mêmes, qui sont témoins des outrages faits à Jésus.

Haut. 1 m. 94 c. — Larg. 3 m. 18 c.

275. Tête de jeune homme tenant une coupe, fragment de tableau.

Haut. 0 m. 62 c. — Larg. 0 m. 50 c.

276. Portrait du duc de Penthièvre, grand amiral de France.

Haut. 2 m. 06 c. — Larg. 1 m. 30 c.

277. Un ange gardien.

278. Jésus au Jardin des Oliviers.

279. Une scène de jeu.

280. Diane et Endymion (copie d'après Annibal Carrache).

Haut. 2 m. 65 c. — Larg. 2 m. 15 c.

281. Portrait de Michel-Ange Buonarotti.

Haut. 0 m. 64 c. — Larg. 0 m. 54 c.

282. Portrait du Corrège.

Haut. 0 m. 62 c. — Larg. 0 m. 52 c.

283. Portrait du Caravage.

Haut. 0 m. 64 c. — Larg. 0 m. 54 c.

284. Paysage signé du monogramme F. M.

Provenant du cabinet de M. Cathelineau.

Panneau. — Haut. 0 m. 71 c. — Larg. 1 m. 09 c.

285. Paysage avec animaux.

Provenant du cabinet de M. Cathelineau.

Haut. 0 m. 68 c. — Larg. 0 m. 97 c.

286. Paysage et gibier.

Provenant du cabinet de M. Cathelineau.

Haut. 0 m. 43 c. — Larg. 0 m. 36 c.

287. Paysage et gibier.

Provenant du cabinet de M. Cathelineau.

288. Le Christ portant sa croix (tableau gothique).

Provenant du cabinet de M. Cathelineau.

Panneau. — Haut. 0 m. 28 c. — Larg. 0 m. 46 c.

289. Adoration des Mages.

Provenant du cabinet de M. Cathelineau.

Panneau. — Haut. 0 m. 80 c. — Larg. 0 m. 17 c.

290. Sainte Famille (tryptique avec volets).

Provenant du cabinet de M. Cathelineau.

Haut. 0 m. 72 c. — Larg. 0 m. 55 c.

291. Mater dolorosa.

Provenant du cabinet de M. Cathelineau.

Cuivre. — Haut. 0 m. 23 c. — Larg. 0 m. 17 c.

292. Le fils de Tobie et l'Ange (esquisse).

Provenant du cabinet de M. Cathelineau.

Haut. 0 m. 66 c. — Larg. 0 m. 75 c.

293. Nature morte.

Provenant du cabinet de M. Cathelineau.

Haut. 0 m. 70 c. — Larg. 0 m. 87 c.

294. Saint François Stigmate.

Provenant du cabinet de M. Cathelineau.

Haut. 0 m. 16 c. — Larg. 0 m. 13 c.

295. Moïse recevant les tables de la loi.

Provenant du cabinet de M. Cathelineau.

Haut. 1 m. 33 c. — Larg. 1 m. 51 c.

296. Sainte Thérèse en extase; un ange la
perce d'une flèche enflammée.

Provenant du cabinet de M. Cathelineau.

Cuivre. — Haut. 0 m. 55 c. — Larg. 0 m. 73 c.

SCULPTURE.

LEMIRE père (*Charles-Sauvage* , dit).

297. L'Innocence, statue en marbre blanc.
(Exposition de 1847).

L'innocence tient dans ses bras un agneau qu'elle
presse sur son sein ; à ses pieds est une corbeille
contenant un bouquet et une couronne de fleurs.

PASCAL (*Michel*).

298. Groupe en marbre blanc. (Exposition de 1848).

Un moine donne le Christ à baiser à de jeunes enfants.

Une petite fille porte ses regards attentifs sur le visage du moine qui semble empreint d'une placide bonté. Un petit garçon s'appuie, de la main droite, sur sa sœur plus grande et plus forte que lui, et retire avec précaution sa main gauche vers son corps penché sur la croix.

299. Mme de Vermandois, ancienne abbesse de l'abbaye royale de Beaumont-lès-Tours, en Madeleine (bas-relief en marbre blanc).

Par suite de services rendus à cette abbaye, Mme de Virieu, dernière abbesse de Beaumont, avait offert ce curieux bas-relief, à M. Jean-Anthime Margueron, de Tours, ancien pharmacien-major.

M. Margueron, à qui Tours doit déjà la fondation de son jardin botanique, en a fait don au Musée de la ville.

300. Pyrrhus.

Pyrrhus, surnommé Néoptolème, fils du fameux Achille et de Déidamie. La tête en marbre est très-restaurée, le buste est moderne et d'albâtre oriental.

301. Démosthènes.

Ce célèbre orateur était d'Athènes, et fils d'un fabricant d'armes. Il naquit l'an 381, avant Jésus-Christ. Il fut disciple d'Isocrate, de Platon et ensuite d'Esopus. La tête en marbre est antique ; mais le buste est moderne, ainsi que les draperies en albâtre oriental, comme le précédent.

302. Hercule.

Fils de Jupiter et d'Alcmène. Tête antique et buste moderne.

303. Cornelius Publius Scipion, surnommé l'Africain.

Était fils de Publius Cornelius ; il n'était pas encore âgé de dix-huit ans lorsqu'il sauva la vie à son père, à la bataille de Tessin.

304. Mercier (buste en marbre).

Célèbre architecte, qui a bâti le château de Richelieu et les jolies églises, aujourd'hui détruites, de la Visitation, des Feuillants et des Ursulines.

Ces cinq bustes proviennent du château de Richelieu.

305. Bas-relief. Fragment attribué aux frères Juste.

306. Buste d'Apollon.

307. Buste de Faune.

308. Buste d'un personnage romain inconnu.

309. Buste de femme romaine (désignée comme la femme de Commode).

(Ces deux derniers bustes en marbre proviennent du musée Campana).

310. Buste du docteur en médecine, Pierre Bretonneau, par Paul Gayrard.

Acquis en 1862, par M. Mame, maire de la ville de Tours.

PLATRES MOULÉS SUR L'ANTIQUE.

311. Apollon Pythien, dit l'Apollon du Belvédère.

Cette statue, la plus belle de celles que le temps nous ait conservées, a été trouvée sur la fin du xv⁰ siècle, à Capo d'Anzo, à douze lieues de Rome, sur le rivage de la mer, dans les ruines de l'antique Antium, cité célèbre et par son temple de la Fortune, et par les maisons de plaisance que les empereurs y avaient élevées à l'envi et embellies des plus rares chefs-d'œuvre de l'art. Jules II la fit transporter au Belvédère du Vatican, où elle a fait, depuis trois siècles, l'admiration de l'univers.

312. Vénus, dite la Vénus de Médicis.

La déesse des amours vient de sortir de l'écume de la mer, où elle a pris naissance ; sa beauté virginale paraît sur le rivage enchanté de Cythère.

Si l'on en croit l'inscription grecque tracée sur la plinthe de la statue, ce miracle de l'art a été l'ouvrage de Cléomènes, athénien, fils d'Apollodore, et père, suivant des conjectures très-probables, de cet autre Cléomènes à qui l'on doit la belle statue de Germanicus.

313. Orateur romain, dit Germanicus.

On lit sur l'écaille d'une tortue placée aux pieds de la statue, l'inscription en caractères grecs qui nous apprend que ce bel ouvrage, aussi recommandable par le choix et la vérité des formes que par sa parfaite conservation, est de Cléomènes, fils de Cléomènes, athénien.

314. Bacchus.

Le voluptueux fils de Jupiter et de Sémélé, Bacchus, debout et absolument nu, s'appuie négligemment, du bras gauche, sur un trone d'orme auquel se marie un cep de vigne.

Cette statue est l'une des plus belles que l'on connaisse de Bacchus.

315. Le Gladiateur.

Ce chef-d'œuvre de la sculpture grecque est l'ouvrage d'Agasias, célèbre sculpteur d'Ephèse.

316. Castor et Pollux.

L'amitié fraternelle de ces deux jumeaux est passée en proverbe. Sparte, leur patrie, leur éleva un temple, et Jupiter les transporta au ciel, changés en une constellation qui a pris leur nom.

317. La Vénus de Milo.

Cette belle statue en marbre de Paros, est nue jusqu'à la ceinture et, de la ceinture aux pieds, elle est couverte de son peplos.

Elle a, de hauteur, 2 mètres 38 millimètres, ou 6 pieds 3 pouces 3 lignes. Si elle était entièrement droite, elle aurait 6 pieds 5 pouces 3 lignes.

Cette statue fut découverte, en février 1820, par un paysan grec, nommé Georges, dans l'île de Milo, autrefois Melos, sur l'emplacement de la ville antique de Melos.

Elle fut vendue à M. le vicomte de Marcellus, secrétaire d'ambassade, qui avait été chargé de cette acquisition par M. le marquis de Rivière, alors ambassadeur à Constantinople.

La Vénus de Milo fait aujourd'hui partie des antiques du Louvre.

318. Mercure.

Figure moulée sur le bronze de Jean de Bologne.

319. Hermaphrodite.

Moulée sur l'antique de Borghèse.

320. Apolline, ou jeune Apollon.

Du bras droit il entoure sa tête ; il tient son arc de

la main gauche, et s'appuie sur un tronc d'olivier auquel son carquois est suspendu.

Le torse de cette petite figure est plein de grâce.

321. Cérès.

Cette charmante figure grecque peut servir de modèle pour le goût, la vérité et la finesse de l'exécution des draperies. Cérès est vêtue d'une tunique par dessus laquelle est jeté un manteau ou peplum, l'un et l'autre si artistement traités, qu'à travers le manteau on aperçoit tous les plis de la tunique et les nœuds des cordons qui l'attachent au-dessous du sein.

322. Faune au repos.

Ce jeune faune, debout, les jambes croisées et la main gauche posée sur le côté, n'a, pour tout vêtement que la peau de chevreuil qui tombe en écharpe de son épaule. Il s'appuie sur un tronc d'arbre et tient une flûte de la main droite.

323. Antinoüs.

Ce jeune bithynien, célèbre par sa beauté, se dévoua, dit-on, pour l'empereur Adrien qui croyait devoir sacrifier aux dieux une victime volontaire. Adrien lui consacra un temple et lui fit élever un grand nombre de statues ; celle-ci le représente entièrement nu, et le front penché d'un air mélancolique.

324. Diane, de Gabies.

La déesse, vêtue d'une tunique relevée au-dessus du genou, attache sa chlamyde de chasse. Cette figure présente le mouvement le plus gracieux.

325. Vénus callipyge.

La déesse porte la tête en arrière, et, de ses deux mains, soutient la draperie qui la couvre en partie.

326. Achille, de la villa Borghèse.

Ce héros est entièrement nu ; seulement un casque recouvre ses longs cheveux qu'il conservait pour les offrir au fleuve Sperchius. Il les coupa sur le corps de Patrocle. Un anneau *périscelide* ou *épisphyrion* est au-dessus des malléoles de la jambe droite, sans doute pour protéger cette partie du corps, la seule qui, suivant la tradition mythologique, fût vulnérable chez Achille.

327. Esclave, de Michel-Ange (réduction).

328. La Muse Polymnie (réduction).

329. Jason, partant pour la conquête de la toison d'or (réduction).

330. Vénus genitrix (réduction).

331. Torse de Bacchus.

BUSTES.

332. Junon.

333. Ariane, du Capitole.

334. Petite Ariane.

335. Mithridate.

336. Apollon.

337. Diane.

338. Niobé mère.

339. Platon.

340. Pallas de Velletri.

341. Canova.

342. Homère.

343. Euripide.

344. Hippocrate.

345. Cicéron.

346. Caracalla.

347. Carnéades.

348. Vénus d'Arles.

349. Masque de Jupiter Olympien.

350. Masque d'Omphale.

351. Lucius Verus, gendre de Marc-Aurèle.

352. Diane de Poitiers.

353. Béatrix, maîtresse du Dante.

354. Tête de Henri III.

355. Tête de Néron, enfant.

356. Buste de M. le duc de la Vallière (terre cuite).

357. Charles-Antoine Rougeot.

Au moment où cette notice allait être livrée à l'impression, la ville de Tours a reçu, de Son Exc. M. le Maréchal Ministre de la maison de l'Empereur, le tableau dont la désignation suit :

Le Serment de Brutus, par Delaunay.

SALLE D'ARCHITECTURE

(AU SECOND ÉTAGE).

—

OBJETS DIVERS D'ORNEMENTATION, EN PLATRE.

—

1 Chapiteau dorique.

2   —   ionique.

3   —   —

4   —   corinthien.

5 Base dorique.

6 Chapiteau —

7 Entablement ionique.

8 Base   —

9 Chapiteau   —

10 Entablement dorique.

11 Chapiteau de pilastre ionique.

12 Stèle. Temple de Thésée. Athènes.

13 Stèle   —   —   —   —

14 Fragment de caisson (fronton de Néron).

15 Chimère et sa griffe.

16 Une face de trépied de candelabre.

17 Rosace d'une tuile de la villa Pamphile.

18 Tête de chimère.

19 Rosace antique.

20   —   moderne.

21 Tête de lion.

22 Rosace antique.

23 Corniche du piédestal de la colonne Trajane.

24 Modillon du Panthéon, à Rome.

25 Rosace antique.

26 Entre-lacs doubles.

27 Griffon (frise), première partie.

28 Griffon (frise), deuxième partie.

29 Rinceaux (frise).

30 Rosace antique.

31 Frise d'Erechthée.

32 Feuille d'un chapiteau de l'intérieur du Panthéon, à Rome.

33 Feuille d'ornement d'un candelabre.

34 Talon de l'architrave d'Erecthée.

35 Entre-lacs.

36 Culot de l'arc de triomphe du Carrousel.

37 Guirlande de fruits.

38 Tiré de Saint-Germain-l'Auxerrois (Paris).

39 Cul-de-lampe.

40 Ecoinson de Notre-Dame (Paris).

41 Ecoinson   —   —

42 Console à dragon (moderne).

43 Ecoinson de Chartres.

44 Console du chœur de Chartres.

45 Dyptique.

46 Console.

47 Oves et perles.

48 Console du château de Gaillon.

49 Rinceau (portion de frise) tiré de St-Denis.

50 Tiré de la cathédrale de Chartres.

51 Dyptique.

52 Rosace antique.

53 Tiré du chœur de Chartres.

54 Sirène.

55 Console de Vincennes.

56 Dyptique.

57 Montant à feuilles de chardon.

58 Consoles.

59 Pilastre du tombeau de Louis XII, à Saint-Denis.

60 Pilastre du tombeau de Louis XII, à Saint-Denis.

61 Pilastre, en retour, du tombeau de Louis XII, à Saint-Denis.

62 Pilastre, en retour, du tombeau de Louis XII, à Saint-Denis.

63 Traverse de Pilastre.

64 Couverture du livre de Louis XIII.

65 Console à tête d'homme.

66 Console à tête de femme.

67 Console à tête de satyre, par Jean Goujon.

68 Console à coquille.

69 Frise.

70 Ornement tiré du chœur de Chartres.

71 Heurtoir de Saint-Maclou, à Rouen, par Jean Goujon.

72 Consoles.

73 Pinacle.

74 Partie de dais.

75 Frise à feuilles de chardon.

76 Cul-de-lampe.

77 Rosace rayonnante.

78 Tiré des rinceaux de la villa Medicis.

79 Enroulement de Beauvais.

80 L'une des faces d'un monument, en forme de
trépied antique, élevé par Catherine de Medicis
à Henri II, son mari.

> Ce monument sert de piédestal aux trois grâces de Germain
> Pilon, groupe qui a été fait pour supporter une urne
> contenant le cœur de Henri II et celui de Catherine de
> Médicis.

81 Les trois grâces de Germain Pilon, du tombeau
de Henri II.

82 Mascaron tiré du tombeau de Henri II.

83 Mascaron tiré du tombeau de Henri II.

84 La foi, bas-relief, tiré du tombeau de Henri II.

85 Les bonnes œuvres, bas-relief tiré du tombeau de
Henri II.

86 Vase orné. Enfants dansant.

87 Vase orné. Sacrifice au dieu Pan.

88 Enfants de François le Flamand.

> François de Quesnoy, surnommé le Flamand, naquit à
> Bruxelles, en 1592, et mourut à Livourne, en 1644, à
> l'âge de 52 ans.

89 Deux des enfants entourant le cadran d'une
horloge, à Anvers.

Les douze apôtres du tombeau de saint Sebald, à Nuremberg (Bavière), par Pierre Vischer. Ce tombeau porte la date de 1488.

> Pierre Vischer a eu cinq fils. Hermann, Jean, Paul et Jacob ont seuls travaillé avec leur père et dans son atelier.
>
> Pierre Vischer ne modelait qu'en cire. Quand il avait à exécuter des figures de grande proportion, il s'adressait à Veit Stoss, sculpteur renommé qui fournissait les modèles. Pierre Vischer coulait en bronze ces modèles et les ciselait ensuite.

90 Saint Pierre.

91 Saint Jean.

92 Saint Jacques-le-Mineur.

93 Saint Paul.

94 Saint Thadée.

95 Saint Thomas.

96 Saint André.

97 Saint Mathias.

98 Saint Simon.

99 Saint Jacques-le-Majeur.

100 Saint Bartolomé.

101 Saint Philippe.

102 Douze culs-de-lampe, style allemand, XVe siècle, par A. Buré.

103 Base, colonne et chapiteau tirés de Saint-Denis.

104 Réduction de la frise du Parthénon, représentant
une procession en l'honneur de Minerve.

Offerte au musée de Tours, par M. Horace Marryat.

Le Parthénon est l'œuvre d'Ictinus et de Callicrate, archi-
tectes que Périclès avait chargés du soin de le construire.
Il est d'ordre dorique et de marbre blanc provenant des
carrières du mont Pentélique, situé en Attique.

Dans ce temple, qui lui était consacré, se voyait la statue
de Minerve, due au ciseau du célèbre Phidias.

Cette statue d'or et d'ivoire était haute de 26 coudées, ou
36 pieds 10 pouces de nos anciennes mesures.

105 Console.

106 Montant, moulé sur bois.

107 Quatre bas-reliefs de Jean Goujon.

108 Guirlande de fruits (style Louis XVI).

109 Rosace (style Louis XVI).

110 Culot.

111 Ecoinson (renaissance).

112 Partie de rinceau.

113 Frise avec ses écoinsons.

114 Moitié de frise.

115 Montant.

116 Montant.

117 Arabesque.

118 Frise moulée sur bois.

119 Masque.

120 Masque.

121 Console Louis XV.

122 Console à tête d'homme.

123 Console à tête de femme.

124 L'Annonciation, bas-relief en bois.

L'ange Gabriel vient annoncer à la Vierge qu'elle sera la mère de Dieu : le Saint-Esprit, au milieu d'une gloire, étend ses rayons jusque sur la mère du Sauveur.

125 La mort de la Vierge, bas-relief en bois.

La Vierge est près de rendre le dernier soupir dans les bras d'un ange, accompagné de deux autres : un quatrième descend du Ciel au milieu d'une gloire de chérubins, et lui présente la palme, en présence des apôtres témoins des derniers instants de Marie.

126 Tombeau de Cœcilia Metella, sur la voie Appia, près de Rome. (La frise est en marbre, tout le reste est en travertin).

Dessin au lavis, au quart de l'exécution, par feu Charles Gaucher, architecte.

127 Chapiteau du temple de Minerve Assisi.

Dessin au lavis, au quart de l'exécution, par feu Charles Gaucher, architecte.

128 Tiré du temple de Mars, vengeur.

Dessin au lavis, par feu Charles Gaucher, architecte.
Échelle de 0^m004 pour mètre.

Ces trois dessins ont été offerts au musée de la ville de Tours, par M. Moreau, ancien entrepreneur et ancien membre du Conseil municipal.

LES LOGES DU VATICAN, A ROME, par Raphaël et ses élèves.

Dessinées par Savorelli, peintre, et Camporesi, architecte, gravées par Ottaviani.

La vue générale est dessinée par Camporesi, architecte, et gravée par Volpato.

Raphaël composa les esquisses pour les Loges du Vatican et confia, en très-grande partie, l'exécution des tableaux à ses élèves, sous la direction de Giulio Pippi, connu sous le nom de Jules Romain. Il chargea des ornements et des stucs Giovanni da Udine, qui les faisait avec une grande habileté. Ferino del Vaga l'aida dans ce travail.

129 Vue générale des loges du Vatican.

130 Dieu sépare la lumière des ténèbres.

131 Adam, Eve et leurs enfants Cain et Abel.

132 Construction de l'arche de Noé.

133 Abraham agenouillé se prosterne devant trois anges qui lui apparaissent.

134 Dieu apparaît à Isaac.

135 Jacob voit en songe l'échelle céleste s'appuyant sur la terre et s'élevant jusqu'aux cieux. Des anges descendent et remontent jusqu'à Dieu qui apparaît dans une gloire.

136 Joseph racontant à ses frères le songe, présage de son élévation future.

137 Moïse sauvé des eaux.

138 Moïse présentant les tables de la loi au peuple d'Israël.

139 La chute des murs de Jéricho.

140 Triomphe de David, après la soumission de la Syrie.

141 Le jugement de Salomon.

142 La Cène.

LE PALAIS FARNÈSE, A ROME, peint par Annibal Carrache et ses élèves.

143 Vue générale du palais Farnèse.

144 Vue du petit côté (*testata*) situé à l'est.

145 Vue de la façade située au nord.

146 Voûte du palais Farnèse.

147 Vue de la façade située au midi.

148 Vue du petit côté (*testata*), situé à l'ouest.

149 Modèle, en relief, de l'escalier de Marmoutier.

150 Modèle du chœur de l'église de Saint-Martin, avec restaurations projetées.

151 Autre modèle du chœur de l'église de Saint-Martin, avec restaurations projetées.

152 Modèle de l'escalier du musée de la ville de Tours.

153 Modèle de la charpente du chœur de l'église de Marmoutier.
Ce modèle est au rez-de-chaussée.

154 Modèle de la bastille.

Tours, imp. Ladevèze.